蕭欽著

寒山菊集錦

清華張定成

文史哲出版社印行

國家圖書館出版品預行編目資料

容止齋集錦 / 蕭欽著. -- 初版. -- 臺北市：
文史哲, 民 102.05
面；公分（文學叢刊；288）
ISBN 978-986-314-116-7（平裝）

1.詩聯集錦

856.6　　102009739

文學叢刊 288

容止齋集錦

著　者：蕭　欽
出版者：文史哲出版社
http:// www.lapen.com.tw
e-mail:lapen@ms74.hinet.net
登記證字號：行政院新聞局版臺業字五三三七號
發行人：彭　正　雄
發行所：文史哲出版社
印刷者：文史哲出版社
臺北市羅斯福路一段七十二巷四號
郵政劃撥帳號：一六一八〇一七五
電話886-2-23511028・傳真886-2-23965656

定價新臺幣三〇〇元

中華民國一〇二年（2013）五月初版
中華民國一〇二年（2013）九月再版

ISBN 978-986-314-116-7　　08288

1 于右任書法

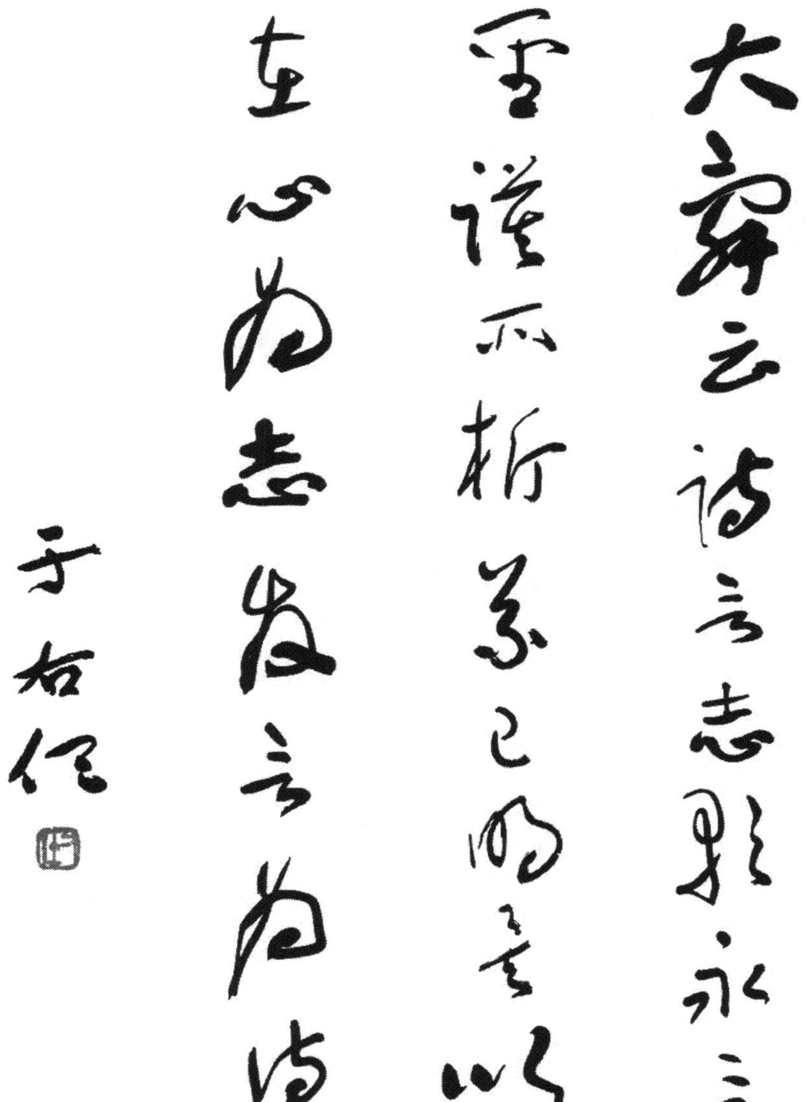
大序云詩言志歌永言
在心為志發言為詩
于右任

張序

鄂人樊增祥云：「粵人序對，閩人改詩，風氣既開，寖成嗜好。嗜好既篤，務為競爭，競爭既久，藝極工巧。其始以合儷偶消永日，視古人投壺、彈棊、蹙融、雙陸之戲為有益，而較韓孟聯句，皮陸酬唱為有心。既乃易改詩為詩鐘，分咏嵌字、詠物二體，而金聲之振徧天下矣。」流風所播，有不限閩粵為然，各地文人雅士之樂此者，如百花之競豔，互嬈妍芳；若萬馬之奔奔，各爭雄邁。其勢若有不可遏者，詎意西風東漸，與五四運動新文化風潮之澎湃而始襄，輒追更以功利教育之取向，惟科技工業之是尚，而工商社會之競爭日烈，聲光電化之娛樂日興，以致風雅不作，詩學式微，類此騷人墨客之文字遊戲，則已不絕如縷也。

蕭君景禧，鄂之陽新人，幼耽吟詠，雅好詩詞，其同鄉長青成公惕軒昔嘗勸其多讀而少作，此意亦與余同，然不能強易其性之所篤好。惟致仕之後，自以臨池習書，嘗聯集句以為樂，余又特嘉而勉之。乃以優游藻翰，消閒娛老，用之為頭腦體操，不稱善於日視螢屏而目瞪口呆，坐困四人而久酣方城之戰乃有益於身心也耶？

容止齋集錦或集碑帖文字以成聯，或集古人詩詞、嵌字以屬對，承前人餘緒，留一脈香煙，殆亦有志者乎？其中頗多佳構，慇費苦思，亦可佩也。然崑山選玉，未必盡屬璠璵；林邑揀金，亦自難無砂礫，若必求其鏤月裁雲之章，雕龍繡虎之作，妙造自然，而毫無牽合餖飣之迹，蓋亦難矣。斯編將付剞劂，而屬序於余，聊申鄙意，略表諸佩慕之忱云爾！

民紀第二甲申孟夏　長沙張定成稽首於士林

蔡序

蕭欽詩家，一昨枉駕敝齋，以箬上齋集錦三唐冊屬序。顧集錦之義，自是有美在中，其珠璣紛陳，琳琅滿目，必有可觀也。然非諸迨廣覽欣賞，真乃龐然大集也。上中下三卷集詩集聯達五百七十餘對，上溯古人未有如是之多。殆可謂集大成亘古無儔矣。集句一事，為文人遊戲筆墨，諸如迴文嵌字、隱語詩鐘皆是。尤以集句為難，蓋讀書人讀時下帷，昔讀之書，那運巧思以解枯燥。藉探奇以滅煩惱，小談亦識趣相為之。昔王荊公曾集句至於百韻為奇。今蕭君之集錦，規模之大，涵蓋之廣，更僕難數。竊以由衷欽仰，爰予條釋於左。

上卷為集詩，計集石鼓文成詩十首，集唐人句集詩五十六首，採集對象遍三唐百三十餘家，具見翻殘卷帙，萃取深思，恒不斷多寐披，寢饋俱廢，可想見之。

中先為集聯，計集碑帖字成聯百副，集兩宋詞成聯一百八十八，自五言至十一言，取自南北宋名詞人百數十家之佳句，而能取精用宏，運用自如，美異。眾裡尋他千百度，驀然得之也。下先以風花雪月四字為題，集古人句成四十八聯，自撰者一百七十六聯，都二三聯。揆風花四字，選材廣泛，鍛句雖易，然能撰得如其文彩，亦見其縱橫恣肆矣。餘論集句，至在自然，如不食人間煙火，乃見高手。偶亦依其範而集對，錄兩造稍以受拘束之味矣。觀其所集詩聯，量亦豐矣。尤以集聯屬對無差，不啻己出，為難能。象如壯瀾波濤，滾滾珠璣，字自見金華。昔時博識強記，復能秉西天取經之精神，鍥而不舍，乃能成此鉅錄，非僅涉獵湊泊能致也。余目為藝術中之藝術，或相稱也。斯集之出，將有助於喜好此道者，而更勝興盛哉。

晚學齋主　蔡景舒敬序　時年九十又一

自序

余少居鄉曲，嘗讀古詩文辭及四書五經，略諳平仄韻律，偶亦吟詩作對，未敢言工，而性頗篤好。嗣入公立學校，以忙於英數理化，而舊文學逐漸趨疏遠矣。

勝利後請纓，輾戰大江南北，三十八年秋隨軍轉進臺灣，歷廿餘載軍旅生涯，以報國為職志，亦無暇流覽詩書。自六十年春由軍轉政，初在介壽館任職，旋調監察院服務，退公之餘、得重溫古籍，雅興復起，集石鼓文成聯百副；集字成絕律詩十首，置之書櫃久矣。八二年夏於柏臺致仕，獲聘於國際奧會聯絡處任顧問，三年後轉任中華綜合研究院編審地方志凡數種，閱二年已逾古稀而離職賦閒。至九十年再集古人詩句為絕律詩凡六十八首，復集帖字為聯四至十一言一三三副及集長短句（詞）五至十二言一八九副，又以（風花雪月）四時美景集句與自撰句等嵌字成聯由五言至十六言凡二一六副。爰加彙整，都為一冊，命其名曰：容止齋集錦。集錦者，乃集碑帖文字及古詩詞句，或爲詩，或爲聯，而嵌字聯則有集古人詩詞及自撰兩種也。此在昔儒因優爲之，余愧莫能與之踵其武而齊其風也。

拙作純爲遣興消閒，一時興起之遊戲文字而已。固不敢珍之若珠璣，亦不忍棄之如敝屣。承吾　師張前考試委員定成先生賜序題耑，及蔡董事長鼎新撰序激勵藉光篇幅，倍感榮寵，特致誠摯之謝意！至於作品之爲工爲拙，本非易也；或毀或譽，亦非所計，聊成八句以自解。

詩云：

東挑西摭綴成文，遣興消閒樂自云。
集句如庖治鼎膳，嵌聯若匠鏤龍紋；
薰香摘艷隨人笑，琢腎雕肝致力勤。
他日坊間容庋置，須知老圃費耕耘。

陽新　**蕭　欽**　謹識

中華民國九十三年歲在甲申孟夏月穀旦

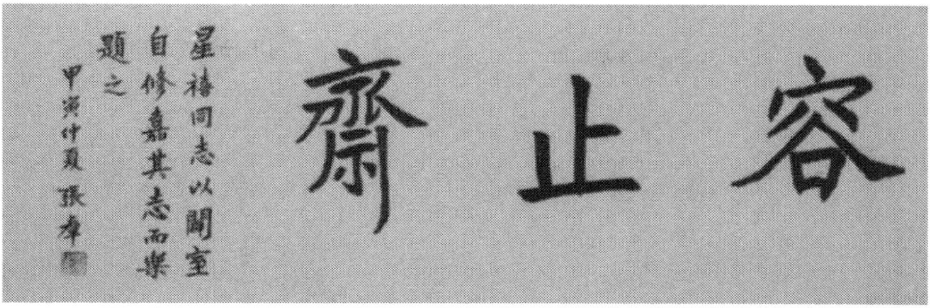
容止齋
星福同志以闡室自修嘉其志而樂題之
甲寅仲夏 張本

容光無所不照
歲在庚寅孟冬月

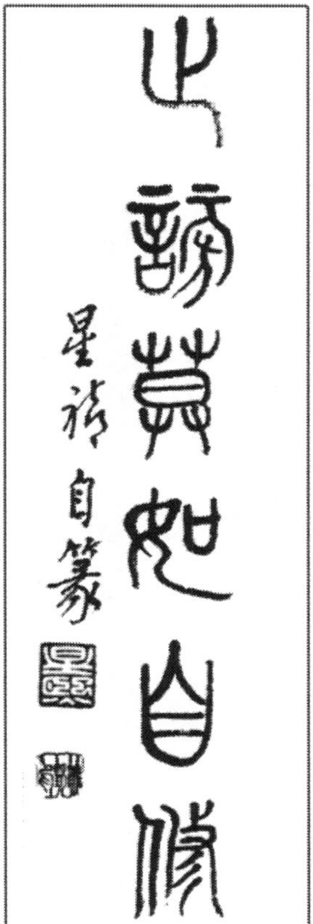
止謗莫如自修
星福自篆

容止齋
張定成

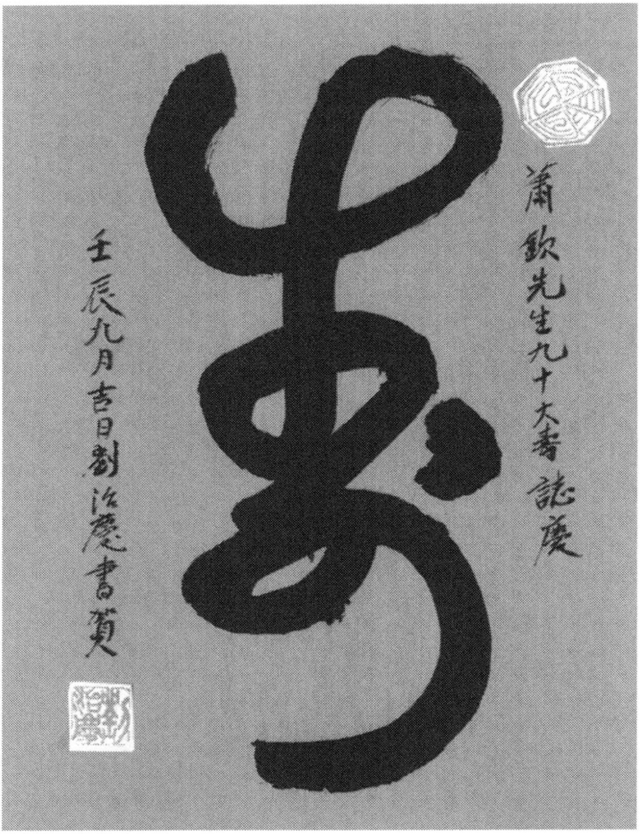

蕭欽先生九十大壽誌慶
壽
壬辰九月吉日劉治慶書賀

作者畫像

作者伉儷合影

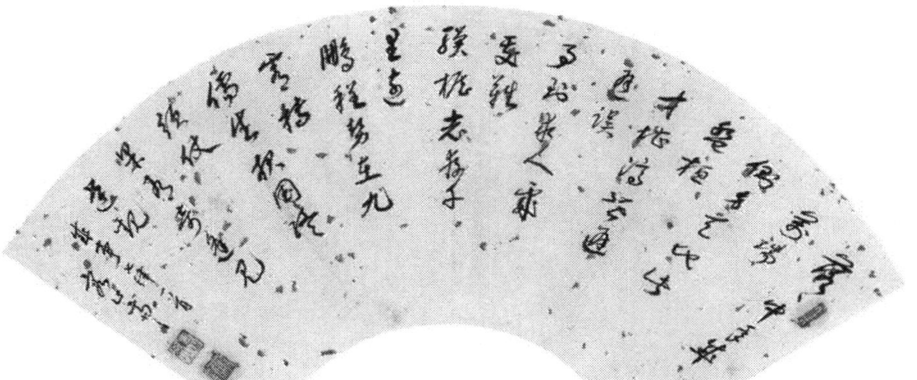

落落中年感萬端，
側身天地此盤桓。
才堪濟世遲遲誤，
事到求人處處難；
驥櫪志存千里遠，
鵬程勢在九霄摶。
儒生報國終須仗，
果有奇逢見遠觀。
感事七律一首
容止齋主蕭　欽

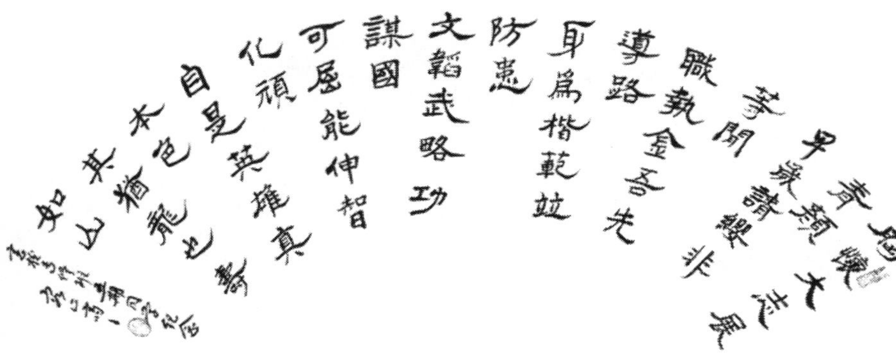

胸懷大志展青顏，
早歲請纓非等閒。
職司金吾先導路，
身為模範並防患；
文韜武略功謀國，
可屈能伸智化頑。
自是英雄真本色，
其猶龍也壽如山。
憲校專修班五期同學紀念
容止齋主蕭　欽

容止齋集錦 目錄

陽新 蕭 欽著

卷中 集聯之部三二三副

卷下 嵌聯之部九二年於永和 二二二副

陽新 蕭 欽星禧著

容止齋集錦卷上

集詩之部

一、集石鼓文六十年於台北憲光營區

五言絕句四首

感 懷

淵深鰋鯉游，物阜人康樂，無事四方寧，有田茲簡樸。

歸 田

有田歸迺樂，無田歸何好，共濟既同心，駕車鳴載道。

泛舟

昱日駕舟子，自出復自回，魚游舟左右，滿載好花來。

即景

旭日朝我出，日夕則我西；我走日同走，我歸日同歸。

五律一首

遊獵

昱昱朝陽出，濟濟馭馬車。槖弓原射獸，涉水爲驅魚；既獵麋麀鹿，復求鰋鯉鱮。太平時日永，其樂樂何如！

七絕五首

感遇

何如事事囿心中，出處惟求是大公，自有作爲曾射虎，時而驅馬槖彤弓。

郊遊有感

人人滿道夕陽紅，驅馬御車即小戎，時日清平田里治，禽魚所樂自攸同。

晚眺

水流花放多時趣，魚樂禽鳴日也微，一望四方天乃夕，高原濟濟獵人歸。

感事

天方奔走爲何之?藝事求工朝夕爲，既有時賢來導我，心中又以古人師。

抒懷

五之五載四方遊，射御同爲我所求;寧是鳴高安道藝，一朝用世獻嘉猷。

二、集古詩句 民國八十八年集於永和客寓

五絕 十八首

◎**感事**

聽琴知道性①，舉酒對春叢②;

松竹生虛白③，波瀾動遠空④。

來源:①唐，姚合。武功縣中作其十八。②唐，賈至字幼鄰。對酒曲其二。③唐，陳子昂字伯玉。南山家園林木交映盛夏五月幽然清涼獨坐思遠率成十韻。④唐，王維字摩詰。漢江臨汎。

○暮　春

柳占三春色①，荷香四座風②；
寶釵行彩鳳③，羅帶弄青叢④。

來源：①唐，温庭筠字飛卿。太子西池二首。②唐，劉威。早秋遊湖上亭。③唐，元稹字微之。會真詩三十韻。④唐，張祜字承吉。吳宮曲。

◎秋　雨

谷靜秋泉響①，樓深複道通②。
涼雲生竹樹③，疏雨滴梧同④。

來源：①唐，王昌齡字少伯。東谿玩月。②唐，柴宿。初日照華清宮。③唐，張說字道濟。奉敕宴梁王宅賦得樹字。④唐，孟浩然世稱孟襄陽。詩句。

○秋　月

川原通霽色①，秋禁散涼風②；
江靜潮初落③，月明山益空④。

來源：①唐，皇甫冉。福先寺尋湛然寺主不見。②唐，韋應物。寄中書劉舍人。③唐，宋之問。題大庾嶺北驛。④唐，劉希美。嵩嶽聞笛。

○天 意

花柳含丹日①，樓臺繞曲池②；
香中別有韻③，天意欲教遲④。
來源：①唐，宋之問。麟趾殿侍宴應制。②唐，盧照鄰。宴梓州南亭得池字。③唐，崔道融。梅花詩。④唐，熊皎。早梅。

◎夜遊古寺

茂色臨幽澈①，晴雲出翠微②；
星隨平野闊③，香刹夜忘歸④。
來源：①唐，李益。竹溪。②唐，權德輿。富陽陸路。③唐，杜甫。旅夜書懷。④唐，綦毋潛。宿龍興寺。

○詠 物

香草爲君子①，寒梅揖大夫②；
迴燈入綺帳③，映燭解羅襦④。
來源：①唐，王維。春過賀遂員外藥園。②唐，李商隱。西溪。③唐，李端。妾薄命。④唐，王維。雜詩。

◎客 路

客路青山外①，偏驚物候新②；

還家萬里夢③，落日五湖春④。

來源：①唐，王灣。次北固山下。②唐，杜審言。和晉陵陸丞相早春遊望。③唐，張謂字正言。同王徵君湘中有懷。④唐，劉長卿。餞別王十一南遊。

○旅居晚眺

別業臨青甸①，前軒枕大河②；
天香含竹氣③，落照在寒波④。

來源：①唐，李嶠字巨山。長寧公主東莊侍宴。②唐，許渾字仲晦。潼關蘭若。③唐，張說。清遠江峽山寺。④唐，馬戴。晚眺有懷。

○雨　餘

雨餘林氣靜①，潮滿夕陽多②；
花柳含丹日③，啾啾棲鳥過④。

來源：①唐，李嶠。奉教追赴九成宮途中口號。②唐，劉長卿。送韓司直。③唐，宋之問。麟趾殿侍宴應制。④唐，杜甫字子美。春宿左省。

○夜　景

落霞沈綠綺①，輕露濕紅紗②；
明月隱高樹③，孤燈落碎花④。

來源：①唐，杜甫。大曆三年春白帝城放船出瞿塘峽久居夔府將適江陵漂泊有詩凡四

十韻。②唐，謝偃。踏歌詞其三。③唐，陳子昂。春夜別友人其一。④唐，戎昱。桂州臘夜。

◎客齋曉望

竹篙鳴翡翠①，谿煖戲鵁鶄②；
高座登蓮葉③。晨齋就水聲④。

來源：①唐，杜甫。絕句六首。②唐，劉長卿。至德三年春正月時謬蒙差攝海鹽令。③慧淨。和琳法師初春法集之作。④法照。送無著禪師歸新羅。

◎贈　友

大漠孤煙直①，深山古木平②；
風雲激壯志③，冰雪淨聰明④。

來源：①唐，王維。使至塞上。②唐，陳子昂。晚次樂鄉縣。③唐，李白。贈張相鎬其一。④唐，杜甫。送樊二十三侍御赴漢判官。

◎宦遊人

歲月人間促①，年來未覺新②，
飄零何所似③?獨有宦遊人④。

來源：①唐，朱放字長通。題竹林寺，②唐，孫逖。同洛陽李少府觀永樂公主入蕃。③唐，杜甫。旅夜書懷。④唐，杜審言。和晉陵陸丞相早春遊望。

◎感 懷

字小書難寫①，愁多夢不成②；
白頭搔更短③，紅燭剪還明④。

來源：①唐，杜牧。分司東都寓居履道叨承川尹劉侍郎大夫恩知上四十韻。②唐，沈如筠。閨怨其一。③唐，杜甫。春望。④唐，裴夷直。席上夜別張主簿。

○感 遇

世上謾相識①，真隨惠遠遊②；
綵雲蕭史駐③，送酒爲郎羞④。

來源：①唐，高適字達夫。醉後贈張旭。②唐，杜甫。題玄武禪師屋壁。③唐，杜子美。玉臺觀。④唐，楊巨源。胡姬詞。

○山 居

碧樹環金谷①，遙天倚黛岑②；
松風清耳目③，蕙氣襲衣襟④。

來源：①唐，柳宗元。弘農公左官三歲復為大僚拜和末由獻詩五十韻以畢微志。②唐，韋莊字瑞己。三用韻。③唐，孟郊字東野。陪侍御叔遊城南山墅。④唐，張九齡。嘗與大理丞袁公太府丞田公偶詣一所、林沼尤勝，因並坐其次，相得甚歡，遂賦詩焉，以詠其事。

○逸　興

地勝林亭好①，月圓松竹深②；
名香播蘭蕙③，逸興橫素襟④。

來源：①唐，孫逖。奉和李右丞相賞會昌林亭。②無可。同劉秀才宿見贈。③唐，岑參。和刑部成員外秋夜寓直寄臺省知己。④唐，李白。經亂離後天思流夜郎，憶舊遊書懷，贈江夏韋太守良宰。

五律四首

◎感　懷

水弄湘娥珮①，窗搖玉女扉②。
晚雲隨客散③，獨鳥背人飛④；
日暮蒼山遠⑤，天寒紅葉稀⑥；
朱門酒肉臭⑦，窮巷牛羊歸⑧。

來源：①唐，李賀。黃頭郎。②唐，宋之問。奉和幸大薦福寺。③唐，錢起。送集賢崔八叔承恩括圖書。④唐，劉長卿。餘干旅舍。⑤作者同④，逢雪宿芙蓉山主人。⑥唐，王維。闕題其一。⑦唐，杜甫。自京赴奉先縣詠懷五百字。⑧作者同⑥。渭川田家。

◎植物園遊感

美花多映竹①，無水不生蓮②。
鳥宿池邊樹③，花香洞裏天④；
玉堦生白露⑤，銀燭吐青煙⑥。
曲徑通幽處⑦，江春入舊年⑧。

來源：①唐，杜甫。奉陪鄭附馬韋曲二首。②唐，杜荀鶴。送友遊吳越。③唐，賈島。題李凝幽君。④唐，許渾。奉和盧大夫新立假山。⑤唐，李白。玉階怨。⑥唐，陳子昂。春夜別友人其一。⑦唐，常建。題破山寺後禪院。⑧唐，王灣。次北固山下。

◎名　園

名園依綠水①，仙塔儼雲莊②。
隔沼連香芰③，中流泛羽觴④；
江山澄氣象⑤，星斗煥文章⑥。
山月映石壁⑦，春星帶草堂⑧。

來源：①唐，杜甫。陪鄭廣文遊何將軍山林十首。②唐，馬懷素。奉和九月九日登慈恩寺浮圖應制。③作者同①。佐還山後寄三首。④唐，陳希烈。奉和聖製三月三日。⑤唐，高適。真定即事，奉贈韋使君二十八韻。⑥唐，杜牧。華清宮三十韻。⑦唐，王維。藍田山石門精舍。⑧作者同①。夜宴左氏莊。

訪友未遇

戶外一峯秀①，晴光轉綠蘋②。
層軒皆面水③，芳樹曲迎春④；
之子時相見⑤，斯人不可聞⑥。
竹喧歸浣女⑦，疏快頗宜人⑧。

來源：①唐，孟浩然。題大禹寺義公禪房。②唐，杜審言。和晉陵陸丞相早春遊望。③唐，杜甫。懷錦水居止二首。④唐，張九齡。奉和聖製同二相南出雀鼠谷。⑤作者同③。題張氏隱居其二。⑥唐，李白。夜泊牛渚懷古。⑦唐，王維。山居秋暝。⑧作者同③。有客。

七絕十四首

○感事

長聞季氏千金諾①，不及劉侯一紙書②；

晚節漸於詩律細③，高情自與俗人疏④。

來源：①唐，許渾，寄献三川守劉公。②唐，劉隱。句。③唐，杜甫。遣悶戲呈路十九曹長。④唐，張籍。送許處士。

◯詠　史

黃金盒裏盛紅雪①，青瑣門前開素書②；
陶令好文常對酒③，季鷹無事已思鱸④。

來源：①唐，王建。宮詞其六十七。②唐，韓翃。別孟都督。③唐，張継。馮翊一樓。④唐，吳融。渡漢江初嘗鯿魚有作。

◯林園別墅

柳遮門戶橫金鎖①，竹蔭寒苔上石梯②；
天上碧桃和露種③，門前荷葉與橋齊④。

來源：①唐，李山甫。公子家其一。②唐，温庭筠。清涼寺。③唐，高蟾。下第後上永崇高侍郎。④唐，張萬頃。東溪待蘇戶曹不至。

◎聞　歌

歌繞夜梁珠宛轉①，山連河水碧氛氳②；
一彈流水一彈月③，半入江風半入雲④。

來源：①唐，羅隱。商於驛樓東望有感。②唐，陳上美。咸陽有懷。③唐，盧同。風中琴。④唐，杜甫。贈花卿。

◎絕　句

莫汎扁舟尋范蠡①，枉抛心力畫朝雲②；
爲文已變當時體③，援筆皆成出世文④。
來源：①唐，白居易。代諸妓贈送周判官。②唐，元稹。白衣裳二首。③唐，苑咸。酬王維。④唐，方干。上杭州杜中丞。

◎月　夜

月色滿牀兼滿地①，靈芝無種亦無根②；
柳攀灞岸狂遮袂③，花滿青山靜掩門④。
來源：①唐，元稹。江樓月。②唐，呂巖。七言。③唐，羅隱。送進士臧濆下第後歸池州。④唐，儲嗣宗。和顧非熊先生題茅山處士閒居。

◯即　景

漁浦浪花搖素壁①，玉峯晴色上朱闌②；
雖將細雨催蘆筍③，何處春風種蕙蘭④。
來源：①唐，錢起。九日宴浙江西亭。②唐，盧宗回。登長安慈恩寺塔。③唐，方干。春日。④唐，劉商。與于中丞。

◎偶 感

空有篇章傳海內①，偶存名跡在人間②；
身經兩世太平日③，又得浮生半日閒④。

來源：①唐，杜荀鶴。投從叔補闕。②唐，元結。欸乃曲其一。③宋，邵雍字堯天。插花吟。④唐，李涉，自號清谿子。題鶴林寺僧舍。

◎詠 史

鳳銜泥詔辭丹闕①，懶惰無心作解嘲②；
但見文翁能化俗③，始知嬴女善吹簫④。

來源：①唐，羅隱。送溪州使君。②唐，杜甫。堂成。③作者同②。將赴荊南寄別李劍州。④作者同②。玉臺觀。

◯揮 毫

蒨絲沈水如雲影①，籠竹和煙滴露梢②；
香溢金杯環廣座③，詩成珠玉在揮毫④。

來源：①唐，李賀。染絲上春機。②唐，杜甫。堂成。③唐，徐彥伯。奉和興慶池戲競渡應制。④作者同②。奉和賈至舍人早朝大明宮。

◎閒 事

紅桃綠柳垂簷向①，碧石青苔滿樹陰②；
常共酒杯爲伴侶③，莫將閒事繫升沈④。

來源：①唐，王維。洛陽女兒行。②唐，李端。題元注林園。③唐，方干。贈錢塘湖上唐處士。④唐，羅隱。送進士臧濆下第後歸池州。

◎洞 房

卻掩洞房花寂寂①，密垂珠箔晝沈沈②；
每度暗來還暗去③，等閒相見莫相親④。

來源：①唐，李涉。六歎。②唐，胡宿。早夏。③唐，王建。長安早春。④唐，元稹。憶楊十二。

◎南 遊

晴煙漠漠柳毿毿①，乘興南遊不戒嚴②；
景狀入詩兼入畫③，行雲歸北又歸南④。

來源：①唐，韋莊。古離別。②唐，李商隱。隋宮。③唐，韓偓。冬至。④唐，魚玄機。光威裒姊妹三人少孤而始妍，乃有是作，精神難儔。雖謝家聯雪何以加之。有客自京師來者未予，因次其韻。

○醉　歌

醉叩玉盤歌嫋嫋①，慢拈紅袖指纖纖②；
千重碧樹籠春苑③，四面朱樓卷畫簾④。

來源：①唐，趙嘏。宛陵寓居上沈夫人其二。②唐，花蕊夫人。宮詞。③唐，韋莊。中渡晚眺。④唐，杜牧。懷鍾陵舊遊。

七律二十二首

◎春　夜

城邊楊柳向橋晚①，樓畔花枝拂檻紅②。
新水亂侵青草路③，疏簾半捲野亭風④；
蝶銜紅蘂蜂銜粉⑤，露似真珠月似弓⑥。
縱使有花兼有月⑦，若能無妄亦無空⑧。

來源：①康，溫庭筠。張靜婉採蓮歌。②唐，趙嘏。和杜侍郎題禪智寺南樓。③唐，雍陶。晴詩。④唐，李群玉。北亭。⑤唐，李商隱。春日。⑥唐，白居易。暮江吟。⑦作者同⑤。春日寄懷。⑧作者同⑥。重酬錢員外。

◎暮　春

鶯啼燕語芳菲節①，蝶影蜂聲爛漫時②。
北樹遠峯閑即望③，南園春色正相宜④；
能銷忙事成閒事⑤，莫遣佳期更後期⑥。
風月萬家河兩岸⑦，菖蒲翻葉柳交枝⑧。

來源：①唐，毛熙震。後庭花。②唐，李建勳。薔薇二首。③唐，薛能。平陽寓懷。④唐，張謂。春園家宴。⑤唐，白居易。詠家醞十韻。⑥唐，李商隱。一片⑦唐，白樂天。城上夜宴。⑧唐，盧綸。曲江春望。

◎感　事

人間歲月如流水①，門外青山似舊時②。
發跡豈勞天上桂③，成名空羨里中兒④；
煙開翠扇清風曉⑤，日暖香階晝刻移⑥。
好似文君還對酒⑦，也知光祿最能詩⑧。

來源：①唐，岑參。客舍悲秋有懷兩省舊遊呈幕中諸公。②唐，李頎。題盧五舊居。③唐，温庭筠。送雀郎中赴幕。④唐，陳羽。送友人及第歸江東。⑤唐，許渾。秋晚雲陽驛西亭蓮池。⑥唐，羊士諤。春日朝罷呈臺中寮友。⑦唐，白居易。盧侍御小妓乞詩座上留贈。⑧唐，嚴武。巴嶺答杜二見憶。

◎詠 史

座上不遺金帶枕①，囊中猶挈石頭碑②。
燈前再覽青銅鏡③，花底休傾綠玉巵④；
陶令有田惟種黍⑤，庾公逢月要題詩⑥。
平分造化雙苞去⑦，折取山櫻寄一枝⑧。

來源：①唐，陸龜蒙。自遣詩其三。②唐，僧貫休。送新羅衲僧。③唐，施肩吾。收妝詞。④唐，曹唐。小遊仙詩其二十四。⑤唐，白居易。老來生計。⑥唐，楊巨源。送絳州盧使君。⑦唐，徐仲雅。句。⑧唐，皮日休。魯望春日多尋野景，日休抱疾杜門，因有是寄。

晚樓獨坐

鍾鼎山林各天性①，風流儒雅亦吾師②。
側身天地更懷古③，獨立蒼茫自詠詩④；
單影可堪明月照⑤，貞心惟有老松知⑥。
王侯第宅皆新主⑦，富貴榮華能幾時⑧！

來源：①唐，杜甫。清明二首其一。②作者同①。詠懷古跡五首其二。③作者同①。將赴成都草堂，途中有作，先寄嚴鄭公五首。④作者同①。樂遊園歌。⑤，吳映。見集古詩聯。⑥唐，戎昱。見集古詩聯⑦作者同①秋興八首其四。⑧作者待考，語見集古詩聯。

○詠　物

幾處早鶯爭暖樹①，誰家玉笛暗飛聲②。
蜂憐杏蕊細香落③，鷺立蘆花秋水明④；
日月更無閒裏過⑤，珠璣續向筆頭生⑥。
風生碧澗魚龍躍⑦，雪典遙峯草木榮⑧。

來源：①唐，白居易。錢塘潮春行。②唐，李白。春夜洛城聞笛。③唐，李山甫。曲江其二。④唐，陶峴。西塞山下迴舟作。⑤唐，齊己。長沙人。靜坐。⑥唐，方干字雄飛，贈孫百篇。⑦唐，曹松。江西逢僧。省文。⑧唐，翁洮，冬。

○山莊即事

羅幕畫堂深皎潔①，水精春殿轉霏微②。
甘棠城上客先醉③，楊柳渡頭人獨歸④；
萬井樓臺疑繡畫⑤，千家山郭靜朝暉⑥。
青筐葉盡蠶應老⑦，剪綵花間燕始飛⑧。

來源：①唐，鮑溶。寒夜吟。②唐，杜甫。曲江對酒。③唐，許渾。聽歌鷓鴣辭。④唐，趙嘏。送楊緘歸揚州。⑤唐，李山甫。寒食。⑥作者同②。秋興八首其三。⑦唐，温庭筠。東郊行。⑧唐，劉憲。奉和立春日內出綵花樹應制。

○隔 岸

隔岸春雲邀翰墨①，繞城波色動樓臺②。
風生北渚煙波闊③，雨歇南山積翠來④；
妝閣伎樓何寂靜⑤，天絲舞蝶共徘徊⑥。
誰言瓊樹朝朝見⑦，莫學遊蜂日日來⑧。

來源：①唐，高適。早春宴蓬地。②唐，温庭筠，河中陪帥游亭。③唐，權德輿。和司門殷員外早秋省中書。④唐，李橙。奉和聖製從蓬萊向興慶閣道中留春雨中春望之作應制。⑤唐，白居易。兩朱閣，刺佛寺寖多也。⑥唐，温飛卿。吳苑行。⑦唐，李商隱。南朝。⑧唐，方干。牡丹

◎思 鄉

春臨柳谷鶯先覺①，風暖曲江花半開②。
冉冉修篁依戶牖③，瞳瞳初日照樓臺④；
雲晴古木月初上⑤，風滿驛樓潮欲來⑥。
日暮鄉關何處是⑦，古來征戰幾人回⑧。

來源：①唐，陸龜蒙。和襲美江南首中懷茅山廣文南陽博士三首次韻其三。②唐，許渾。春日思舊遊寄南徐從事劉三復。③唐，包何。同閻伯均宿道士觀有述。④唐，薛逢。元日樓前觀仗。⑤唐，劉滄。題王校書山齋。⑥唐，張籍。送友人

盧處士遊吳越。⑦唐，崔顥。黃鶴樓。⑧唐，王翰。涼州詞。

◎詠 事

偶逢新語書紅葉①，似有微詞動絳脣②。
江上詩書懸素業③，水邊門戶閉閒春④；
洛陽舊有神明宰⑤，豐沛曾爲社稷臣⑥。
應笑王戎成俗物⑦，不知梅福是仙人⑧。

來源：①唐，王建。晚秋病中。②唐，唐彥謙。緋桃。③唐，趙嘏。送裴延翰下第歸覲滁州。④作者同③。尋僧。⑤唐，沈佺期。餞唐永昌。⑥唐，温庭筠。題李相公敕賜錦屏風。⑦唐，韋應物。假中枉盧二十二書，亦稱臥疾兼訝李二久不訪問，以詩答書，因亦戲李二。⑧唐，羅隱。送盧端公歸臺盧校書之夏縣。

○漫 興

玉沙瑤草連溪碧①，石路泉流兩寺分②。
碧樹紅花相掩映③，天香瑞彩含絪縕④；
丹楹碧砌真珠網⑤，寶鈿香娥翡翠裙⑥。
且把酒杯添志氣⑦，聊持寶劍動星文⑧。

來源：①唐，曹唐。仙子洞中有懷劉阮。②唐，權德輿。天竺靈隱。③唐，慈恩塔院女仙。題寺廊柱。④唐，温庭筠。觱篥歌。⑤唐，竇庠。金山行。⑥唐，戎昱。送零陵妓。⑦唐，杜荀鶴。亂後宿南陵廢寺寄沈明府。⑧唐，王維。老將行。

◎踏青感賦

四野綠雲籠稼穡①，九春風景足林泉②。
嚴陵萬古清風在③，張旭三杯草聖傳④；
雲物共傾三月酒⑤，異花常占四時天⑥。
不教日月拘身事⑦，且放形神學散仙⑧。

來源：①唐，杜荀鶴。獻新安于尚書。②唐，薛稷。奉和聖製春日幸望春宮應制。③唐，徐夤。西寨寓居。④唐，杜甫。飲中八仙歌。⑤唐，李白。下途歸石門舊居。⑥唐，沈傳師。贈毛仙翁。⑦唐，杜荀鶴。送項山人歸天台。⑧唐，吳融。谷口寓居偶題。

◎過東湖有感

舟將水動千尋日①，樹出湖東幾點煙②。
色似芙蓉聲似玉③，腰如細柳臉如蓮④；
但經春色還秋色⑤，長取新年似舊年⑥。
畫角莫吹殘月夜⑦，流鶯長喜艷陽天⑧。

來源：①唐，張說。三月三日詔宴定昆池宮莊賦，得筵字。②唐，曹鄴。旅次岳陽寄京中親故。③唐，白居易。醉題沈子明壁。④唐，顧敻。荷葉杯。⑤唐，李山甫。隋堤柳。⑥唐，張說。蘇摩遮五首其四。⑦唐，韋莊。婺州屏居，蒙右省王拾遺車枉降訪病中延候不得，因成寄謝。⑧唐，李咸用。物情。

◎小城風光

纔見早春鶯出谷①，更逢晴日柳含煙②。
城邊楊柳向橋晚③，鏡裏芙蓉照水鮮④；
綠竹放侵行徑裏⑤，飛花故落舞筵前⑥。
人生有酒須當醉⑦，長取新年似舊年⑧。

來源：①唐，韋莊。和人春暮書事寄崔秀才。②唐，蘇頲。奉和春日幸望春宮應制。③唐，溫庭筠。張靜婉採蓮歌。④作者同③。蘭塘詞。⑤唐，劉長卿。赴南中題褚少府湖上亭子。⑥作者詩題同②。⑦宋，高菊磵。清明。⑧唐，張說。蘇摩遮五首其四。

◎詠景物

高樹夕陽連古巷①，小橋流水接平沙②。
林間暖酒燒紅葉③，竹下忘言對紫茶④；
鏡水周迴千萬頃⑤，綠陰相間兩三家⑥。

可憐芳草成衰草⑦，卻道新花勝舊花⑧。

來源：①唐，盧綸。秋中過獨孤郊居。②唐，劉兼，訪歙妓不遇，招酒徒不至。③唐，白居易。送王十八歸山，寄題仙遊寺。④唐，錢起。與趙莒茶讌。⑤唐，方干。越中逢孫百篇。⑥唐，司空圖。楊柳枝壽杯詞十八首其五。⑦唐，楊凝。送客歸常州。⑧唐，韓愈。秋樹二首其二。

◎雜　感

明祠靈響期昭應①，桑葉扶疏閉日華②。
鶴戀故巢雲戀岫③，煙籠寒水月籠沙④；
停綸乍入芙蓉浦⑤，隔坐剛拋荳蔻花⑥。
紫閣丹樓紛照耀⑦，修篁灌木勢交加⑧。

來源：①唐，王昌齡。別皇甫五。②唐，曹唐。穆王宴王母於九光流霞館。③唐，劉禹錫。送霄韻上人遊天台。④唐，杜牧。泊秦淮。⑤唐，皎然。奉和顏魯公真卿落玄真子舴艋舟歌。⑥唐，馮袞。戲酒妓。⑦唐，王勃。臨高臺。⑧唐，方干。題懸溜巖隱者居。

◎江南春暮

染作江南春水色①，結情羅帳連心花②。

池光不定花光亂③，北斗闌干南斗斜④；
瑤瑟玉簫無意緒⑤，竹窗書幌共煙波⑥。
明祠靈響期昭應⑦，桑葉扶疏閉日華⑧。

來源：①唐，白居易。繚綾。②唐，青童。與趙旭叩柱歌。③唐，李商隱。當句有對。④唐，劉方平。夜月。⑤唐，關盼盼。燕子樓三首其三。⑥唐，皎然。題周諫別業。⑦唐，王昌齡。別皇甫五。⑧唐，曹唐。穆王宴王母於九光流霞館。

○橘州風景

瀑布杉松常帶雨①，橘州風浪半浮花②。
林間暖酒燒紅葉③，竹下忘言對紫茶④；
雲髮素顏猶盼睞⑤，露牀風簟半欹斜⑥。
洪波浩蕩迷舊國⑦，桑葉扶疏映日華⑧。

來源：①唐，王維。送方尊師歸嵩山。②唐，陸龜蒙，奉和襲美夏景沖澹。③唐，白居易。送王十八歸山，寄題仙遊寺。④唐，錢起。與趙莒茶讌。⑤唐，韋應物。黿頭山神女歌。⑥唐，吳融。次韻和王員外雜遊四韻。⑦唐，李白。梁園吟。⑧唐，曹唐。穆王宴王母於九光流霞館。

○春興

煙開翠扇清風曉①，花壓闌干春晝長②。
盈手水光寒不濕③，入簾花氣靜難忘④；
風生碧澗魚龍躍⑤，月照青山松柏香⑥。
物外煙霞爲伴侶⑦，人間聲價是文章⑧。

來源：①唐，許渾。秋晚雲陽驛西亭蓮池。②唐，温庭筠。湖陰詞。③唐，李羣玉。望月懷友。④唐，羅虬。比紅兒詩。⑤唐，曹松。江西逢僧省文。⑥唐，盧綸。宿定陵寺。⑦唐，呂巖。七言詩句。⑧唐，劉禹錫。同樂天送令狐相公赴東都留守。

○詠史

高人屢解陳蕃榻①，俠客猶傳朱亥名②。
翰墨已齊鍾大理③，簾章高體謝宣城④；
蕭何只解追韓信⑤，賈誼何須弔屈平⑥。
唯是塵心殊道性⑦，始知名將出書生⑧。

來源：①唐，李白。寄崔侍御。②唐，高適。古大梁行。③唐，韓翃。送夏侯侍御。④唐，杜荀鶴。寄温州朱尚書，并呈軍倅崔太傅。⑤作者待考，語見集古詩聯。⑥同前⑤ ⑦唐，白居易。留別吳七正字。⑧唐，劉禹錫。美温尚書鎮定興元詩寄賀。

◎舒 懷

從來有淚非無淚①，道是無情卻有情②。
幾處早鶯爭暖樹③，誰家玉笛暗飛聲④；
映花避月遙相送⑤，尋竹看山亦共行⑥。
彩筆祇宜天上用⑦，精能皆自意中生⑧。

來源：①唐，杜荀鶴。送韋書記歸京。②唐，劉禹錫。竹枝詞二首其一。③唐，白居易。錢塘湖春行。④唐，李白。春夜洛城聞笛。⑤唐，李珣。虞美人。⑥唐，張籍。送元八。⑦唐，僧貫休。送鄭侍郎騫赴闕。⑧唐，方干。觀項信水墨。

◎感 懷

小院迴廊春寂寂①，閒雲潭影日悠悠②。
九天日月移朝暮③，萬國衣冠拜冕旒④；
不共世人爭得失⑤，曾將詩句結風流⑥。
長生不待爐中藥⑦，簡貴將求物外遊⑧。

來源：①唐，杜甫。涪城縣香積寺官閣。②唐，王勃。滕王閣。③唐，馬湘。登杭州秦望山。④唐，王維。和賈舍人早朝大明宮之作。⑤唐，韓偓。贈孫仁本尊師。⑥唐，白居易。微之到通州日授館未安。見塵壁間有數行字，讀之，即僕舊詩。

其落句云：「淥水紅蓮一朵開，千花百草無顏色。」然不知題者何人也。微之吟歎不足，因綴一章，兼僕詩本同寄省。其詩，乃十五年前初及第時，贈長安妓人阿軟絕句。緬懷往事，杳若夢中，懷舊感今，因酬長句。⑦唐，胡宿。淮南王。⑧唐，韓翃。送夏侯侍郎。

容止齋集錦卷中

陽新　蕭　欽星禧著

集聯之部　三二二副

一、集碑帖　一三三副

（一）石鼓文一〇〇副　六十年於台北憲光營區

四言　十六副

心清若水；高也大也；
行公如天。來之安之。

永以爲好；公平處世；
樂如之何。棫樸作人。

惟執其事；
勿求於功。
人心不古；
天道爲公。
求其真我；
敬彼大賢。
如魚如水；
若天若人。
世爲望族；
古之賢人。
出爲遊子；
處有高人。

獵彼狷蜀；
簡我師徒。
有四時樂；
以古人師。
爲世作則；
代天之工。
人惟一道；
天有四時。
中原立馬；
平道行車。
日出而作；
心平自安。

五言 二十五副

敬事信乃立；
無求心自寧。

敬事方君子；
行道師古人。

深栖吾所好；
樂事鹿同歸。

執弓原射虎；
陳舟不爲魚。

田車驅阪道；
魚罟罩深淵。

大道如弦直；
行舟濟水流。

大人心天下；
王子游四方。

道左逢君子；
舟中遇故人。

魚游自可樂；
禽鳴不如歸。

王師如時雨；
古道望夕陽。

求賢如不及；
處世立於公。

君子樂其樂；
庶人安所安。

無事即爲樂；
有田何不歸。

公田逢霝雨；
歸舟載好花。

驅車行大阪；
涉馬濟中流。

時人多君子；
古代有賢人。

深淵游鰋出；
古道獨車來。

水清魚介好；
囿大鹿豕多。

蜀道多阪出；
西天一如來。

人事時時異；
禽魚處處同。

人心求其古；
天道原乃公。

平道馭六馬；
安車游四方。

方圓永爲用；
左右可逢源。

時時惟執道；
事事不求人。

可以止則止；
有所爲不爲。

六言　十一副

孔子之道爲一；
湯王允執其中。

我爲人人爲我；
工求藝藝求工。

漁其魚獵其獸；
水之舟陸之車。

吳人駕車若馬；
漁公以水爲田。

四時乃天之用；
萬物以人爲靈。

不道人世之樂；
惟求我心所安。

子孫賢族迺大；
田里治寓之安。

有樹有花爲樂；
無車無馬則安。

禽魚所樂各異；
舟車爲用則同。

六藝事有射御；
四時樂以遨遊。

多子多孫多樂；
好人好事好花。

七言　廿四副

賢人處事惟深省；
君子立言乃可師。

治世好爲及時雨；
淨心可以古人師。

黃公望寓藝於道；
田子方爲王之師。
王師北伐中原日；
游子西歸故里侍。
有鹿有豕游乃樂；
無車無馬靜而安。
持矢執弓原射虎；
御車駕馬爲朝王。
員遊員遊時迺樂；
其雨其雨日方中。
小雨徐徐花滿樹；
大車速速馬鳴原。

所游藝不惟射御；
既安樂復有子孫。
北伐中原驅駟馬；
西望故里駕戎車。
古樹奄天微白日；
高車載道橐彤弓。
淵深魚樂何爲罟；
柳蔭禽鳴勿用弓。
鹿豕烝烝滿靈囿；
徒御濟濟出王宮。
執御執射游於藝；
驅車驅馬安其行。

我爲我古人獨處；
樂其樂公子好遊。
維舟樹樹高人柳；
出水田田君子花。
或出或處平以直；
永朝永夕樂而康。
弓矢以四時而事；
漁獵於六藝之中。
有四方來歸之勢；
求一藝自用爲高。

紅日出時天昱昱；
鳴禽多處柳陰陰。
駕舟不若維舟好；
處世立於出世心。
王子車出微雨後；
遊人舟載好花來。
王師乃爲平於世；
藝事惟求樂及人。
出田已逢微雨後；
歸舟又載好花來。

八言 二十副

舊雨重逢，何其樂也；
金湯平治，迺所求之。

天爲之徒，而物有則；
事若不平，其人自鳴。

工執藝事，方圓之用；
王好游獵，田漁以時。

時雨時暘，其道有自；
好人好事，何樂不爲。

辭藝求工，寫來四六；
人花大好，自有異同。

既有其車，復有其馬；
出之於里，歸之於田。

止有古人，同其安樂；
不流時世，以之方圓。

或田或漁，王好遊獵；
如魚如水，人方樂康。

鳴以朝陽，用以靁雨；
出爲游子，處爲高人。

執方處方，以工爲事；
樂道行道，於人無求。

六藝之事，有射有御；
四時惟樂，以遨以遊。
右角左宮，時鳴古樂；
一車二馬，如游中天。
右矢左弓，獵人射獸；
高車駟馬，王子驂鑾。
淵淵其淵，是為古道；
簡簡而簡，亟具深心。
毋左毋右，是之一道；
自西自東，止於四方。

或陰或陽，惟天為大；
毋左毋右，如日方中。
彤弓孔碩，彤矢孔庶；
吾馬既駘，吾車既工。
以田以漁，舟車異用；
或水或陸，出處同歸。
之子于歸，若魚樂水；
其人嘉事，有女如花。
既駘既驜，駕吾二馬；
彤弓彤矢，射彼大麋。

九言　一副

或射或御，如我無不及；
何時何古，有爲乃若茲。

十言　二副

安命樂天，可以止何不止；
賢人君子，既敬之又師之。

處世作人，有可及無不及；
左原右阪，既來之則安之。

十一言　一副

五代田車，子子孫孫永爲用；
四時花鳥，朝朝暮暮樂以求。

附：石鼓文拓本

一、吾車

二、汧漁

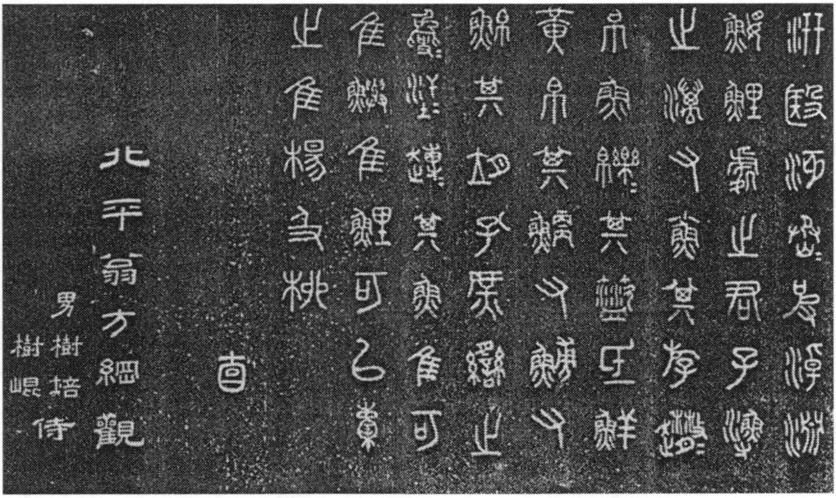

三、田車

四、鑾車

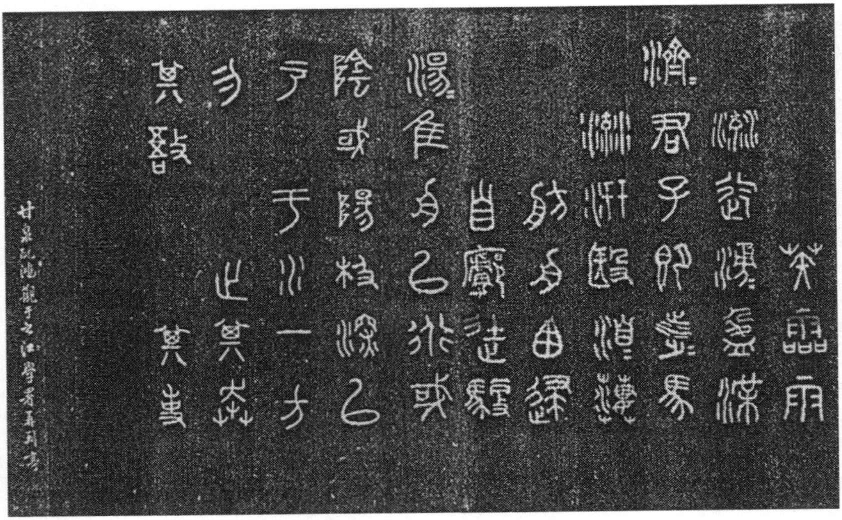

五、霝雨

六、作原

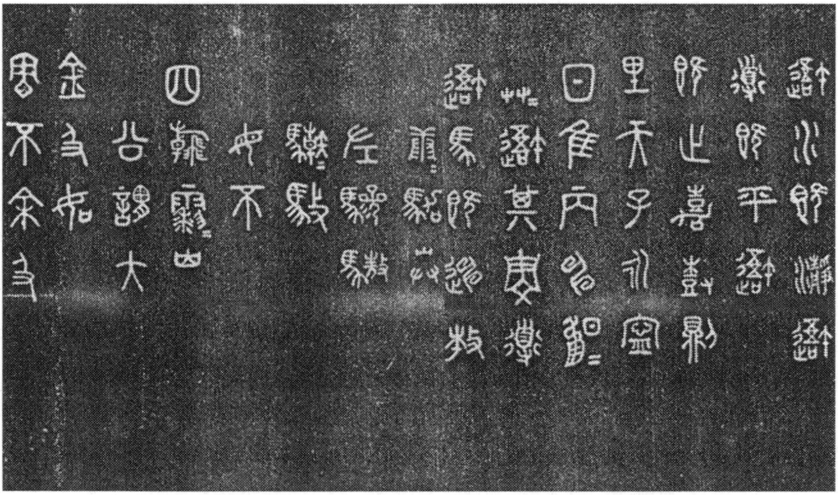

七、吾水

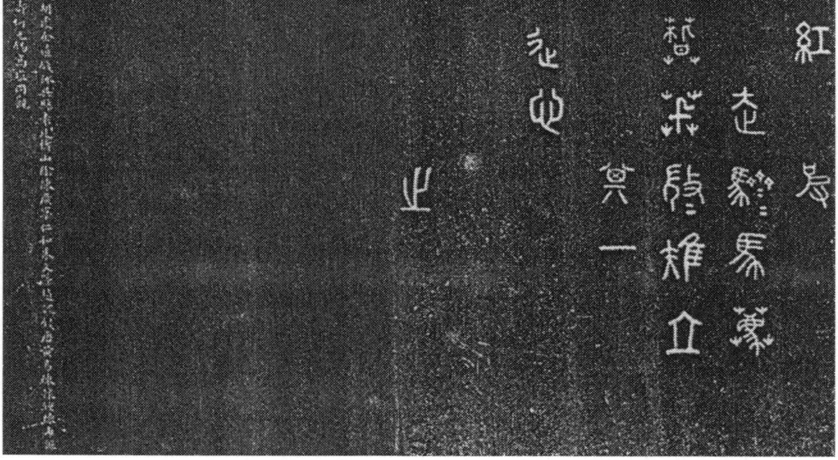

八、馬薦

九、而師

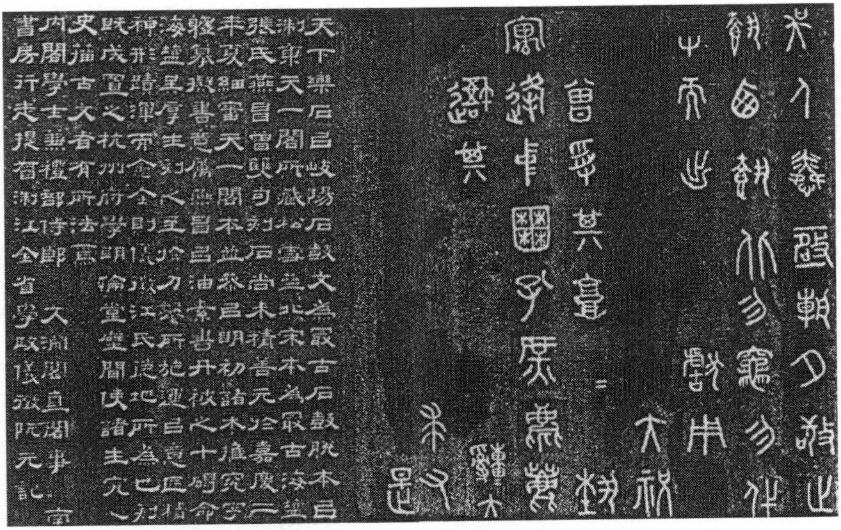

十、虞人

（二）九成宮醴泉銘十五副

六言 五副

淑氣景風仁壽；
青天碧海壯懷。

甘露和風氣象；
卿雲璧月休祥。

泉響清心樂事；
山光悅性怡神。

智水仁山長樂；
高明令德延年。

高朋期於永壽；
景福貴在中和。

七言 六副

德以流光能及物；
心如明鏡亦非臺。

雲霞出海千山立；
日月經天萬物明。

能無遠慮心常泰；
貴有高風性乃和。

家事不忘憂國事；
聖心乃有惜勞心。

登泰山所觀遠大；
遊碧海以壯心懷。

正德潤身期上壽；
怡神養性樂天懷。

八言　二副

大道無名，名無不得；
仁人必壽，壽必長生。

海不揚波，長風斯起；
人常動感，舊雨重來。

十言　二副

登高山，遊遠海，往之畢至；
扶大漢，揚天聲，爲者常成。

滌穢揚清，自是國安開泰；
居高思墜，當知身引怡神。

附：節拓九成宮醴泉銘

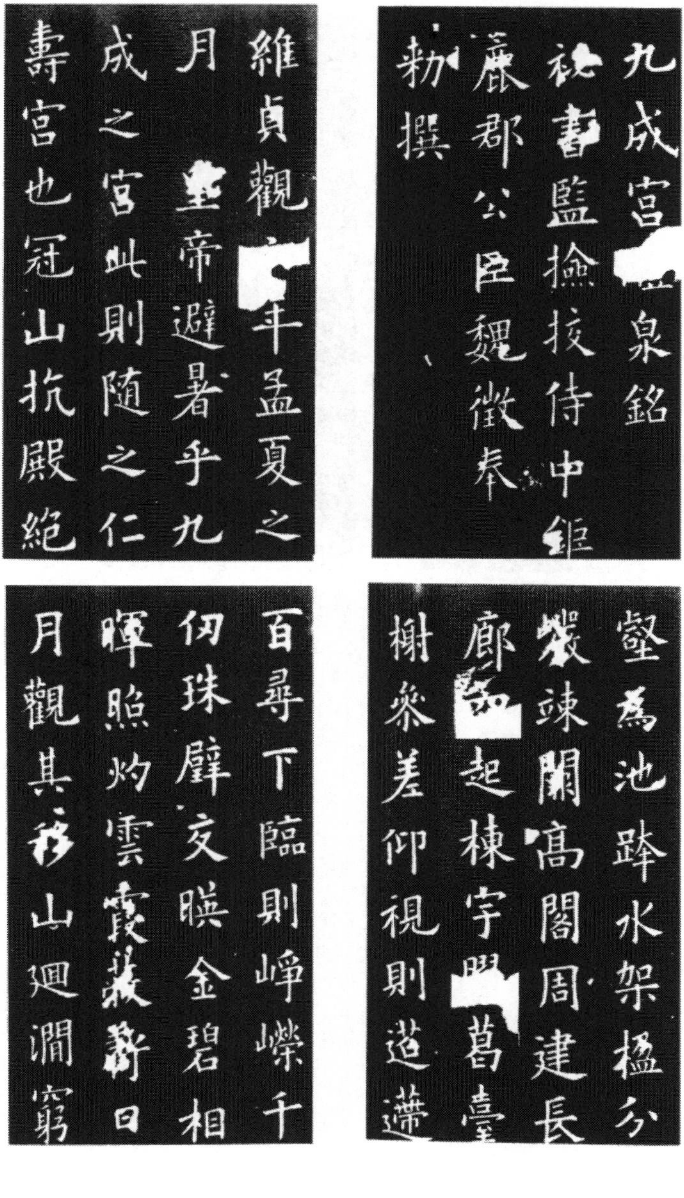
九成宮泉銘
秘書監檢校侍中鉅
鹿郡公臣魏徵奉
勅撰
維貞觀年孟夏之
月皇帝避暑乎九
成之宮此則隨之仁
壽宮也冠山抗殿絕
壑爲池跨水架楹分
巖竦闕高閣周建長
廊起棟宇葛臺
榭參差仰視則迢遞
百尋下臨則崢嶸千
仞珠璧交暎金碧相
暉照灼雲霞蔽虧日
月觀其移山迴澗窮

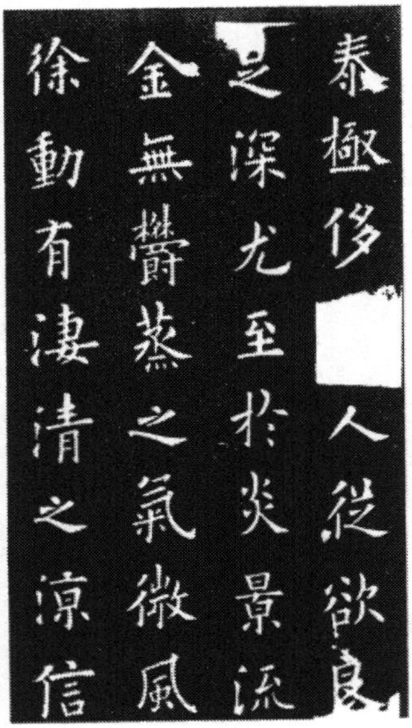

泰極侈
人從欲良
足深尤至於炎景流
金無鬱蒸之氣微風
徐動有淒清之涼信

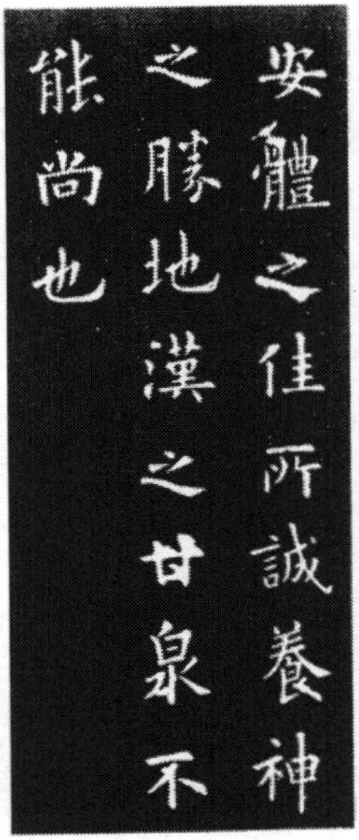

安體之佳所誠養神
之勝地漢之甘泉不
能尚也

(三) 王羲之聖教序及心經九副

七言 四副

無色即空仁者相；
有容乃大聖人懷。

蓮出綠波塵不躡；
桂生高嶺露常沾。

智理深通千古對；
心神內正六塵超。

截僞續真開後學；
分條析理廣前聞。

八言 二副

仙露明珠，詎方朗潤；
松風水月，足比清華。

附：節拓聖教序

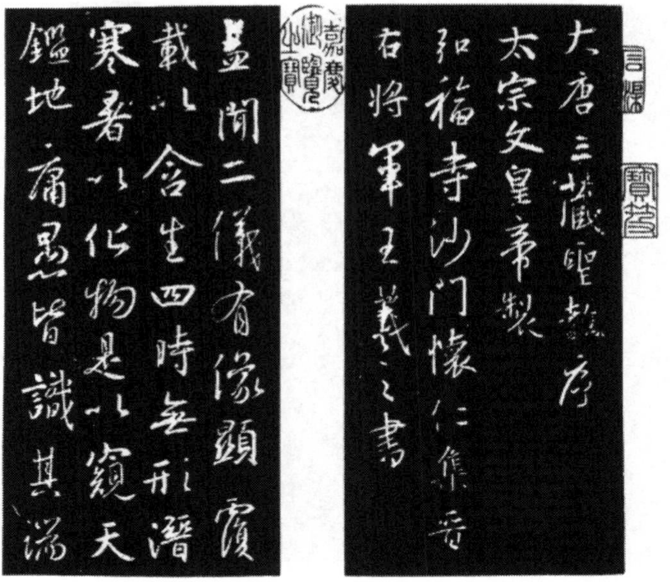
大唐三藏聖教序
太宗文皇帝製
弘福寺沙門懷仁集
右將軍王羲之書
蓋聞二儀有像顯覆
載以含生四時無形潛
寒暑以化物是以窺天
鑑地庸愚皆識其端

長契神情，行苞四忍；
幼懷貞敏，心悟三空。

十言 二副

道也無根，道宏揚而永固；
名乎空翼，名遠大以長飛。

鹿苑春林，與天花以合彩；
鷲峯慧日，共海月而生光。

十一言 一副

萬里無雲，朗朗長空開眼界；
一川春水，幽幽清色會心田。

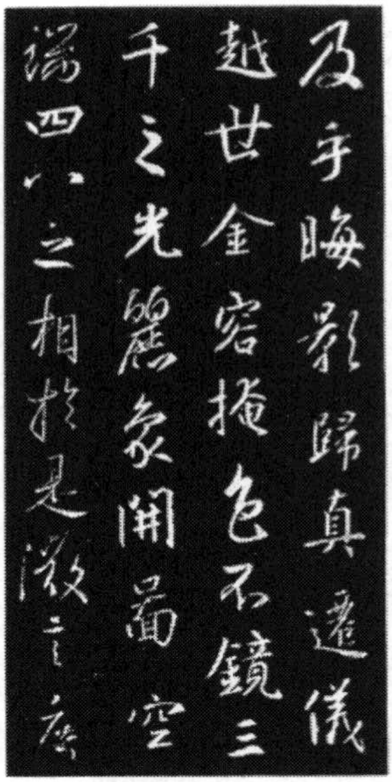

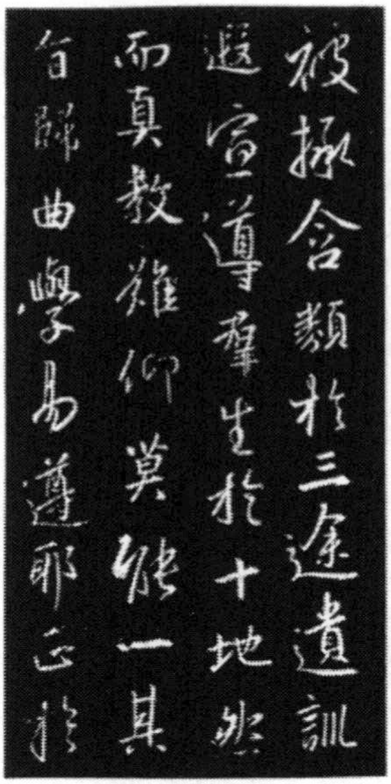

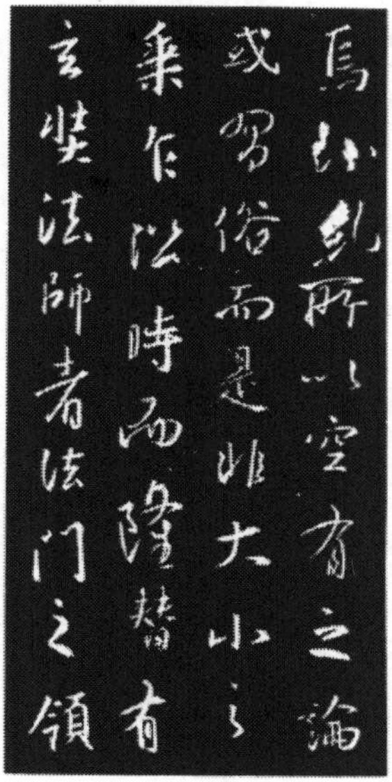
焉紛糾所以空有之論
或習俗而是非大小之
乘乍沿時而隆替有
玄奘法師者法門之領

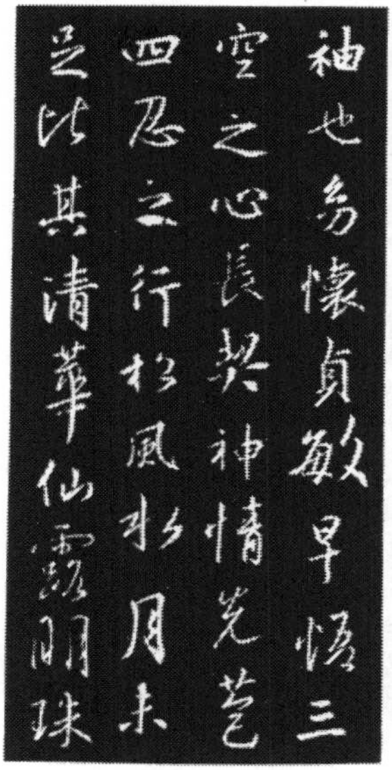
袖也幼懷貞敏早悟三
空之心長契神情先苞
四忍之行松風水月未
足比其清華仙露明珠

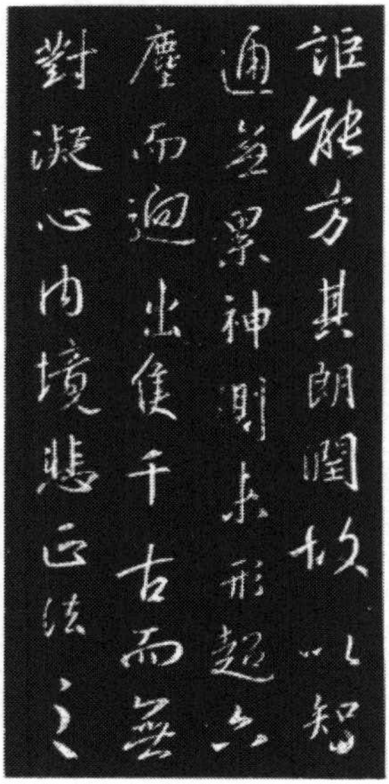
詎能方其朗潤故以智
通無累神測未形超六
塵而迥出隻千古而無
對凝心內境悲正法之

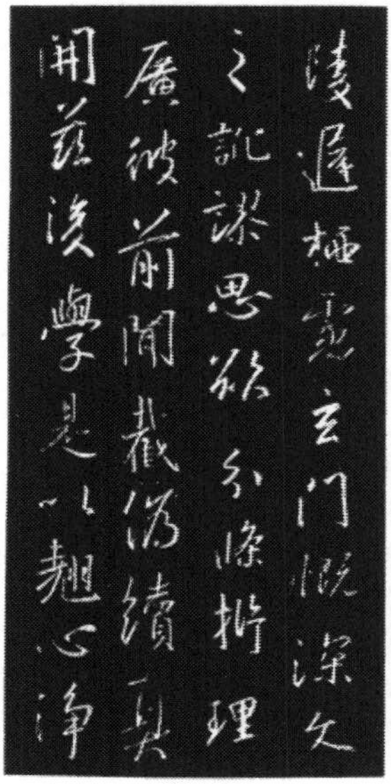
陵遲棲慮玄門慨深文
之訛謬思欲分條析理
廣彼前聞截偽續真
開茲後學是以翹心淨

附：心經拓本

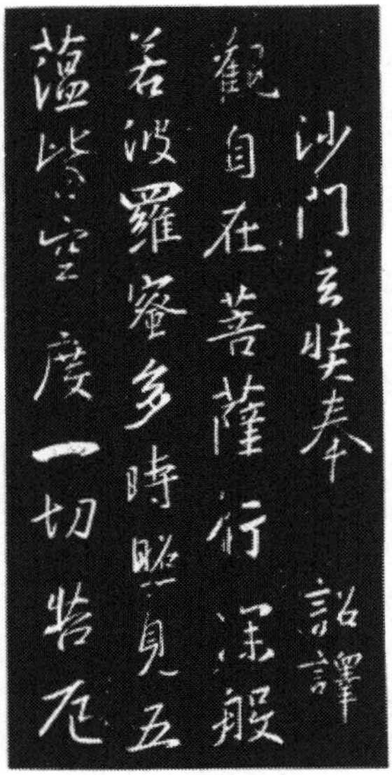
沙门玄奘奉詔譯
觀自在菩薩行深般
若波羅蜜多時照見五
蘊皆空度一切苦厄

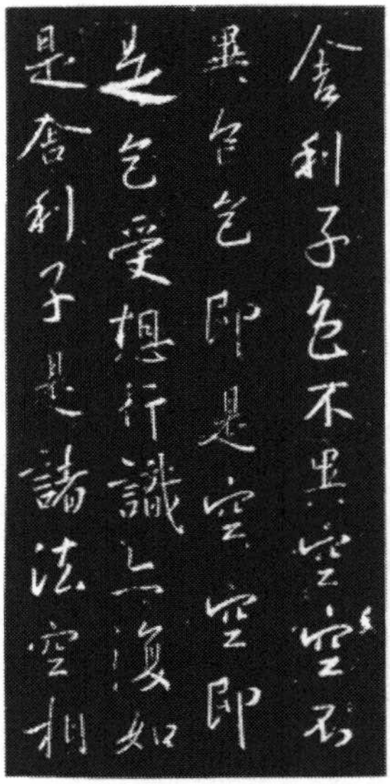
舍利子色不異空空不
異色色即是空空即
是色受想行識亦復如
是舍利子是諸法空相

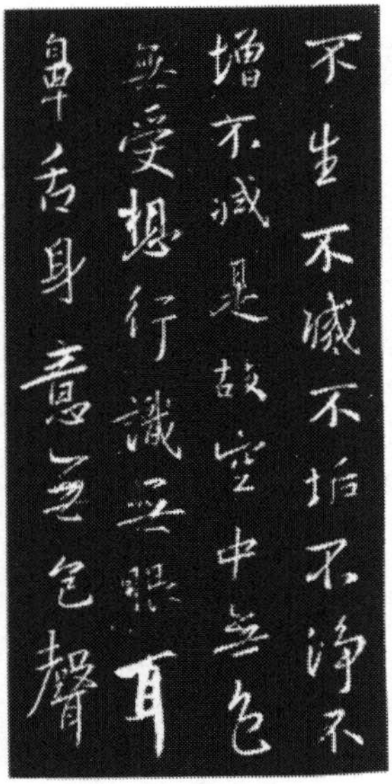
不生不滅不垢不淨不
增不減是故空中無色
無受想行識無眼耳
鼻舌身意無色聲

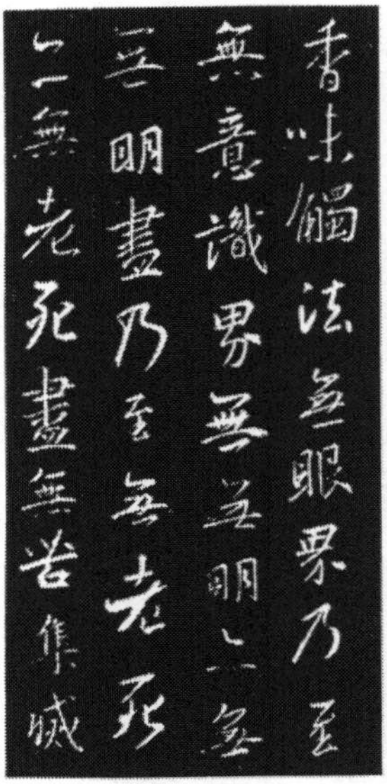
香味觸法無眼界乃至
無意識界無無明亦無
無明盡乃至無老死
亦無老死盡無苦集滅

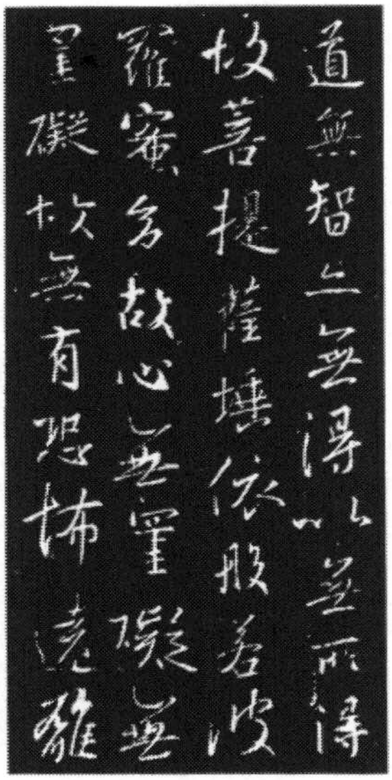
道無智亦無得以無所得
故菩提薩埵依般若波
羅蜜多故心無罣礙無
罣礙故無有恐怖遠離

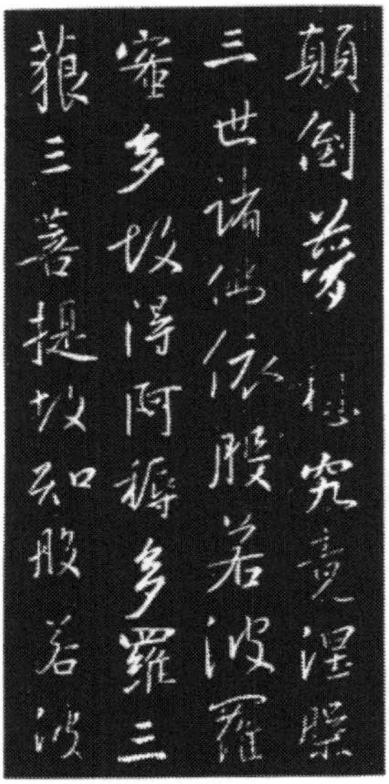
顛倒夢想究竟涅槃
三世諸佛依般若波羅
蜜多故得阿耨多羅三
藐三菩提故知般若波

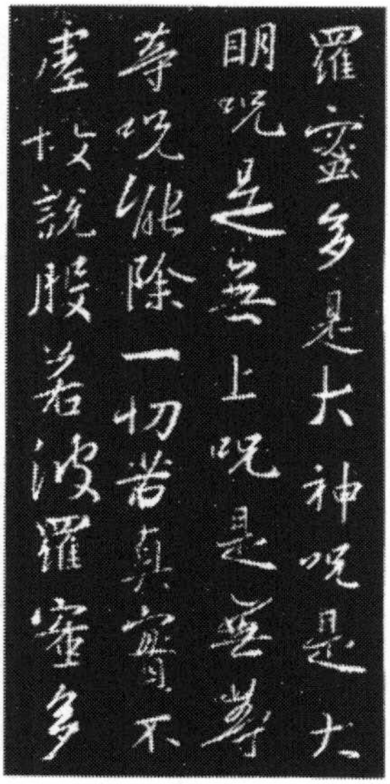
羅蜜多是大神呪是大
明呪是無上呪是無等
等呪能除一切苦真實不
虛故說般若波羅蜜多

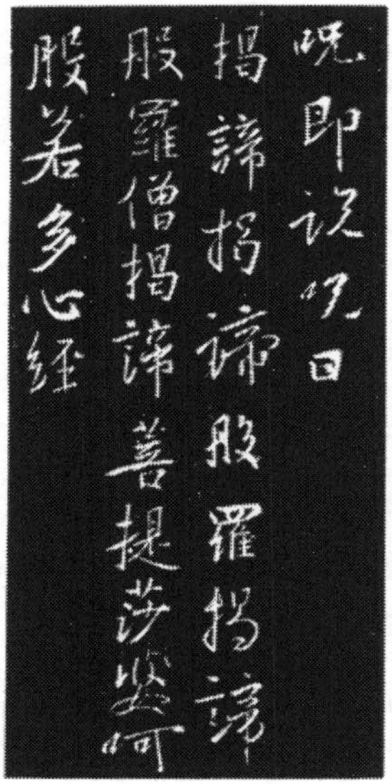
呪即說呪曰
揭諦揭諦般羅揭諦
般羅僧揭諦菩提莎婆訶
般若多心經

（四）褚摸王羲之蘭亭序 九副

五言　二副

人有山林樂；
室隨蘭竹幽。

和風觀盛世；
同契會羣賢。

七言　五副

在室蘭幽清遠惠；
向人月朗足興懷。

樂水樂山無盡趣；
一觴一詠暢幽情。

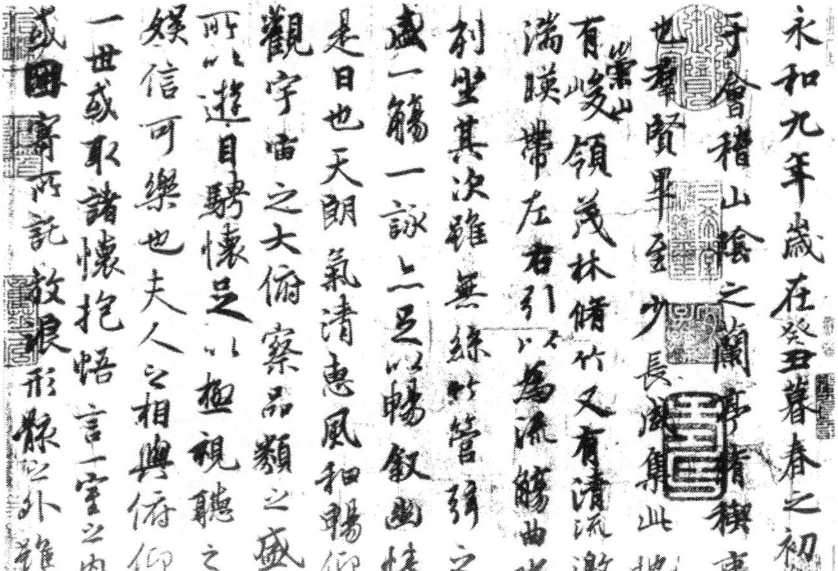

山水清修娛不老；
林亭幽趣樂長生。

興之所至未嘗有；
事若不爲豈能無。

山水有情亦知己；
形骸放浪無故人。

八言 一副

知遇如蘭，因人合氣，
虛懷若竹，修己自能。

知遇之情，因人而異；
靜虛其趣，修己猶能

趣舍萬殊靜躁不同當其欣
於所遇暫得於己快然自足不
知老之將至及其所之既倦情
隨事遷感慨係之矣向之所
欣俛仰之間以為陳迹猶不
能不以之興懷況脩短隨化終
期於盡古人云死生亦大矣豈
不痛哉每攬昔人興感之由
若合一契未嘗不臨文嗟悼不
能喻之於懷固知一死生為虛
誕齊彭殤為妄作後之視今
當今之視昔悲夫故列
敘時人錄其所述雖世殊事
異所以興懷其致一也後之攬
者亦將有感於斯文

十一言 一副

天朗氣清，遊目騁懷為至樂；
世殊事異，觀今視昔不同時。
附：蘭亭序拓本

二、集長短句《詞》 一八九副

五言 五九副

花明疑有雪；（南北朝 庾 信）
月白遲長風。（薛 能）

花開春爛漫；（南宋 趙師俠）
雲剪玉玲瓏。（南宋 周 密）

吹誰家玉笛；（五代　和　凝）

醉幾度春風。（南宋　吳　激字彥高）

斷腸芳草碧；（五代　韋　莊）

往事夕陽紅。（北宋　王安石）

小樓吹玉笛；（南宋　史達祖）

深院鎖春風。（北宋　晁端禮）

圓荷過微雨；（北宋　晁補之）

踈竹度春風。（南宋　趙長卿）

嶺梅猶妒雪；（北宋　晁補之）

栁岸欲疏風。（待查　陽澤民）

長歌自深酌；（南宋　辛稼軒）

短笛醉中吹。（南宋　汪元量）

隨花迎野步；（南宋 吳文英）
剪雪作新詩。（北宋 陳濟翁）

孤村芳草遠；（北宋 寇 準）江南春
斜日杏花飛。（北宋 寇 準）江南春

暫引櫻桃破；（五代 李 煜）一斛珠
日長蝴蝶飛。（北宋 歐陽修）

恨逐芳塵去；（南宋 陳允平）
笑隨明月歸。（元 張可久）

好夢留人睡；（北宋 范仲淹）蘇幕遮
畫堂雙燕飛。（北宋 歐陽修）

持杯須我醉；（宋 楊旡咎）
彈淚送春歸。（待查 湯 恢）

弄筆偎人久；（北宋 歐陽修）南歌子

描花試手初。（北宋 歐陽修）南歌子

鳳髻金泥帶；（北宋 歐陽修）南歌子

龍紋玉掌梳。（北宋 歐陽修）南歌子

長亭啼杜宇；（南宋 周 密字公瑾）

隔葉囀黃鸝。（北宋 呂渭老一作濱老字聖求）

目送水天遠；（南宋 張 翥）

雲壓雁聲低。（明 劉 基）

鶯花猶是主；（南宋 周必大字子充）

楊柳爲誰春。（南宋 戴復古）

誰爲開尊俎；（南宋 史達祖）

獨自倚闌干。（五代 馮延巳）

水影橫池館；（北宋　張　先）
月痕侵畫闌。（南宋　黃　機）

愁隨煙雨簇；（南宋　趙師俠）
思入水雲寒。（北宋　潘閬艮名閬，自號逍遙子）

情隨潮水遠；（北宋　謝　逸）
指冷玉笙寒。（北宋　黃庭堅）

長歌自深酌；（南宋　辛稼軒）
對酒且開顏。（北宋　歐陽修）

奈春風多事；（南宋　史梅溪）
問落花無言。（待查　無名氏）

栽花春爛漫；（南宋　趙師俠）
對酒月嬋娟。（北宋　黃山谷）

小枕欹寒玉；（五代 牛 嶠）
輕紗卷碧煙。（五代 牛 嶠）
年時被花惱；（南宋 楊 纘字繼翁）
尊酒趁愁銷。（南宋 周 密）
紅樓千里夢；（待查 魏南夫）
碧袖一聲歌。（南宋 吳夢窗）
杜鵑啼夢醒；（南宋 陳允平）
菡萏裊風斜。（北宋 周邦彥）
雲深詩夢淺；（南宋 張 炎）
煙暝酒旗風。（北宋 秦少游）望海潮
長亭啼杜宇；（南宋 周草窗）
古樹噪寒鴉。（五代 張 泌）

輕煙籠曉閣；（五代　李存勗）
細雨溼流光。（南宋　史達祖）
清歡那易得；（北宋　王之道）
對酒莫相忘。（北宋　蘇東坡）
岸草煙無際；（南宋　陳允平）
凍梅寒更香。（北宋　周邦彥字美成）
分坐魚磯石；（唐　張　籍）
夜登華子岡。（北宋　汪　莘）
花事隨流水；（南宋　蔣　捷）
佳節又重陽。（北宋　李清照）
舉頭聞鵲喜；（五代　馮延巳）謁金門
呵手試梅粧；（北宋　歐陽修）訴衷情

玉堦空佇立；（唐　李　白）菩薩蠻
金鴨懶薰香。（宋　程　垓字正伯）
送白雲千里；（南宋　曹宗臣）
寫春風數聲。（南宋　劉　過）
笑白雲多事；（南宋　曹宗臣）
聽黃鸝數聲。（南宋　戴復古）
問梅花底事；（南宋　趙長卿）
謝楊柳多情。（南宋　張　炎）長亭怨
年年自春色；（南宋　陳允平）
處處得閒情。（南宋　陳允平）
醉鄉深處老；（南宋　方千里）
鶴夢幾時醒。（南宋　張　翥）

落花誰爲主；（元 白 樸）
何物最關情。（北宋 王安石）
歌餘塵拂扇；（北宋 謝 逸）
天外岳連樓。（金 折元禮）望海潮
起來携素手；（北宋 蘇 軾）
悵望倚層樓。（北宋 張 昇）離亭燕
眉眼盈盈處；（北宋 蘇 軾）
吳山點點愁。（唐 白居易）長相思
煙草愁如許；（南宋 高觀國）
春風佳可遊。（元 王 惲）
別館花無數；（南宋 楊旡咎）
春山煙欲收。（五代 牛希濟）生查子

清香來小院；（北宋　沈會宗）
暝色入高樓。（唐　李太白）菩薩蠻
歌罷花如雨；（待查　李元膺）
月明人倚樓。（唐　白居易）
天涯信飄泊；（北宋　周邦道）
輕棹耳夷猶。（南宋　張孝祥）
輕煙籠晚閣；（五代　李存勗）
歸夢繞秦樓。（北宋　王　雱）
山深松翠冷；（唐　朱慶餘）
樹密鳥聲幽。（待查　崔　翹）
冷香清到骨；（宋　尹　煥字惟曉）
煙縷織成愁。（北宋　王　雱）

吟箋留醉墨；（待查 黃子行）
流水奏鳴琴。（南宋 趙長卿）

伴鷺汀幽宿；（南宋 吳文英）
共鶯花醉吟。（南宋 吳文英）

夜窗聽暗雨；（南宋 張 炎）綺羅香
曉日壓重簷。（唐 孫道絢中虛真人）

六 言 四十三副

還我舊時明月；（元 張 雨）
無人不醉春風。（北宋 方俟詠）

勾引詩朋酒侶；（南宋 陳 箸）
往來蘿月松風。（北宋 汪 莘）

剪去半江煙水；（南宋 張 炎）
別來幾度春風。（北宋 歐陽修）朝中措

江上綠波煙草；（元 滕 賓又名斌字玉霄）
尊前淡月西風。（北宋 晏幾道）

最是金貂換酒；（北宋 秦少游）
要尋紅葉留詩。（北宋 呂渭老）

載取白雲歸去；（南宋 張 炎）八聲甘州
只應明月相思。（待查 魏南夫）

玉闌干金甃井；（唐 温飛卿）
青蒻笠綠簑衣。（唐 張志和）漁歌子

蝴蝶也愁春去；（南宋 楊旡咎）
杜鵑欲勸誰歸。（南宋 辛稼軒）

春意漸歸芳草；（北宋　黃山谷）
秋聲又入吾廬。（南宋　王沂孫）

別有詩腸鼓吹；（南宋　趙長卿）
時傍笑語清佳。（北宋　趙彥端）

有明月照千里；（待查　無名氏）
比梅花瘦幾分。（宋　程正伯名垓）

遙指蕪城煙樹；（北宋　王之道）
寄情蘿薜山村。（南宋　葛立方字常之）

寒夜月華初照；（南宋　曾　覿字純文）
故園松菊猶存。（南宋　張仲宗）

飲罷不妨醉臥；（北宋　秦少游）
春來沒箇遮闌。（北宋　黃山谷）

花竹深房櫳好；（北宋　周邦彥）
紗窗暖畫屏閒。（五代　和　凝）
何處不宜風月；（南宋　周　密）
此地應有神仙。（南宋　姜白石）
醉臥石樓風雨；（南宋　辛稼軒）
來聽鶴語溪泉。（南宋　陳允平）
夢繞石窗蘿屋；（南宋　陳允平）
煙鎖花徑藍橋。（南宋　吳文英）
園中趣琴中趣；（南宋　袁去華）
花也香夢也香。（宋　程正伯）
月痕深鶯聲碎；（北宋　秦少游）
芳草歇柳花狂。（唐　溫飛卿）

何遜而今漸老；（南宋 姜白石）暗香
庾郎從此愁多。（南宋 陳允平）
荀令如今憔悴；（南宋 王碧山）
錢塘自古繁華。（北宋 柳 永）望海潮
小館誰吹玉笛；（北宋 朱敦儒）
巡簷細嚼梅花。（北宋 陳允平）
春意漸歸芳草；（北宋 黃山谷）
夕陽分落漁家。（北宋 李 濱名呂）
離情盡寄芳草；（北宋 張 先）
詩興自寫春華。（北宋 趙彥端）
遙指前村煙樹；（北宋 柳 永）
寄聲估酒人家。（南宋 史梅溪）

小飲水亭風館；（北宋　毛　滂）
爭看穠李夭桃。（南宋　葛立方）
疏簾半捲明月；（北宋　周邦彥）
野橋時伴梅花。（北宋　張　先）
殘照依然花塢；（南宋　袁去華）
夕陽分落漁家。（金　李　演字巨川）
半雨半煙橋畔；（北宋　張景修字敏叔）
一丘一壑人家。（南宋　程　珌）
芳草灞陵春岸；（五代　韋　莊）
竹籬茅舍人家。（元　白无咎）
暮雨遙峰凝碧；（待查　廖允中）
小樓明月彈箏。（南宋　劉　過）

分明畫出秋色；（北宋 柳 永）傾杯
猶疑春在鄰家。（南宋 張 炎）

春意漸歸芳草；（北宋 黃山谷）
斜陽畫出南屏。（南宋 張 翥字仲舉）

遙山半隱愁碧；（北宋 柳 永）
小園別是清幽。（南宋 黃公度字師憲）

金粉六朝舊夢；（北宋 王安石）
煙花三月春愁。（待查 鄭覺齋）

燕飛忙鶯語亂；（南宋 辛稼軒）
桃葉恨柳絲愁。（南宋 史達祖）

春色又添多少；（北宋 秦少游）
小園別是清幽。（南宋 黃公度）

初繫放翁歸棹；（南宋 陸放翁）
還似王粲登樓。（南宋 周草牕名密）
蝴蝶飛來清曉；（北宋 黃山谷）
鷓鴣啼破春愁。（北宋 秦少游）
似聽流鶯瀝瀝；（待查 彭泰翁）
多情楊柳依依。（北宋 王之道）
白苧衫青驄馬；（待查 杜龍沙）
鴛鴦浦鸚鵡洲。（元 張可久）
消得百壺春釀；（元 張 雨）
閒弄一曲瑤琴。（南宋 趙以夫）
巷陌鷺聲爭巧；（北宋 宋祁字子京）
窗畔斜月如鈎。（待考）

梨花雪桃花雨；（待查　易　祓）
蜨兒忙蜂兒狂。（待考）

七言　五十四副

水殿風來暗香滿；（北宋　蘇　軾）
真珠簾卷玉樓空。（北宋　范仲淹）御街行

沙上並禽池上暝；（北宋　張　先）天仙子
車如流水馬如龍。（五代　李　煜）望江南

怎得春如天不老；（北宋　晁補之）
更教花與月相逢。（北宋　晁補之）

荷處煙村啼杜宇；（南宋　趙長卿）
那堪疏雨滴梧桐。（北宋　梅堯臣）

蜨戲蜂游春爛漫；（五代　韋　莊）
竹簾花榭月朦朧。（待查　無名氏）
不管桃花依舊笑；（宋　朱希真）
只應明月最相思。（待查　魏南夫）
何處杜鵑啼不歇；（唐　温飛卿）
誰家横笛試輕吹。（南宋　葛立方）
一醉芳尊倒鸕鷀；（南宋　方千里）
十年香夢老江湖。（南宋　方千里）
惆悵一春飛絮夢；（宋　程正伯）
可堪連夜子規啼。（南宋　趙惜香長卿字）
繡額珠簾籠畫閣；（北宋　晁補之）
瓊枝玉樹作煙蘿。（五代　李　煜）破陣子

燕子時來窺繡戶；（南宋　張元幹）
杜宇只解怨殘春。（北宋　周紫芝）

我輩相逢無愧色；（金　李俊明）
何時重與細論文。（南宋　辛稼軒）

小雨池塘初有燕；（北宋　葉夢得）
落花時節又逢君。（南宋　辛稼軒）

山容水態依然好；（南宋　張　翥）
柳外樓高空斷魂。（北宋　秦　觀）

梅花偏惱多情月；（南宋　吳文英）
好詩都在夕陽山。（南宋　張玉田）

對客只應頻舉酒；（南宋　張于湖字孝祥）
願身長健且憑闌。（北宋　王晉卿）

殘日紅窗春夢窄；（南宋 周 密）
暮煙秋雨野橋寒。（南宋 吳文英）
細柳新蒲爲誰綠；（金 韓 玉）
淡花明玉不勝寒。（北宋 劉一止字行簡）
寶帳慵薰蘭麝薄；（五代 毛熙震）
小樓吹徹玉笙寒。（五代 李 璟）攤破浣溪沙
笑漸不聞聲漸悄；（北宋 蘇 軾）蝶戀花
別時容易見時難。（五代 李 煜）浪淘沙
幾舍煙村停畫舸；（北宋 柳 永）
數行新雁貼寒煙。（北宋 晏 殊）
橘熟橙黃堪一醉；（北宋 呂渭老）
倚天啼露爲誰嬌。（北宋 歐陽修）

花自無言鶯自語；（南宋 周 密）
夜漸寒深酒漸消。（北宋 周邦彥）
波暖塵香趁嫩日；（北宋 吳文英）
春愁詩瘦正落花。（南宋 劉將孫字尚友）
漁市孤煙裊寒碧；（北宋 柳 永）
小池春水浸晴霞。（五代 歐陽炯）
長占煙波弄明月；（待查 蘇 舁）
亂分春色到人家。（北宋 秦少游）望海潮
愛村居數間茅屋；（元 劉 因）
剪湘湖幾尺漁簑。（明 錢應金字星白號古堂）
寫柔情恨如芳草；（北宋 秦少游）
怕夜寒吹到梅花。（南宋 張 炎）

綠陰搖曳蕩春色；（北宋 聶冠卿字長儒）
紫燕歸飛遶畫堂。（北宋 宴 殊）
萬里西風吹客鬢；（南宋 劉 過字改之）
滿庭芳草又斜陽。（南宋 張 炎字叔夏）
瘦倚溪橋梅影碧；（南宋 吳文英）
露清枕簟藕花香。（五代 顧 敻）
閒抱琵琶尋舊曲；（南宋 謝 逸字無逸）
且將尊酒慰飄零。（南宋 張 翥）
怎奈花殘鶯又老；（宋 杜安世字壽域）
可堪香盡酒初醒。（五代 歐陽炯）
碧草如煙花自雨；（南宋 張 炎）
爐香欲盡酒初醒。（五代 歐陽炯）

明月滿庭花似繡；（宋　杜安世）
江楓裝錦雁橫秋。（南宋　曹　勛）

紫簫吹破黃昏月；（金　李献能字銘叔）
紅藕香殘玉簟秋。（北宋　李清照）一剪梅

燕語似知懷舊主；（北宋　趙彥端字德荘）
杏花無處避春愁。（南宋　韓无咎）好事近

鷗鷺相看如此瘦；（南宋　張　炎）
鷓鴣啼破不勝愁。（北宋　秦少游）

世事不堪頻着眼；（南宋　戴式之）
臨風何必更搔頭。（南宋　張于湖）

最好是二分明月；（待查　唐菊山）
莫等閒一葉扁舟。（南宋　岳武穆）

可更餘音寄羌笛；（南宋　楊補之字无咎）
欲將心事付瑤琴。（南宋　岳武穆）
額襯斜陽紅欲滴；（待查　黃子行）
春來江水綠如藍。（唐　白居易）憶江南
六曲闌干偎碧樹；（五代　馮延己）
一雙嬌燕語雕檐。（唐　温飛卿）
萬里中原烽火北；（南宋　張孝祥）
一尊濁酒戍樓東。（南宋　張安國）浣花溪
莫愁前路無知己；（唐　高　適）別董大
幾處蠻家是主人。（待考）
能將忙事成閒事；（唐　白居易）
莫遣佳期竟後期。（唐　李商隱）

野草怕霜霜怕日；（待考）
月光如水水如天。（唐 趙 嘏）江樓感舊

長疑好事皆虛事；（待考）
卻道新花勝舊花。（唐 韓 愈）

諸葛大名垂宇宙；（唐 杜 甫）
元戎小隊出郊坰。（唐 杜子美）

一詠一觴真足樂；（李白 林隨菴）
有花有酒且開眉。（無名氏）

楊柳樓臺芳草岸；（無名氏）
杏花村館酒旗風。（北宋 謝 逸）

蕭何只解追韓信；（待考） 見集古詩聯
賈誼胡須弔屈平。（待考） 見集古詩聯

世態炎涼隨節序；（待考）見集古詩聯
富貴榮華能幾時。（待考）見集古詩聯

去日無多來日少；（待考）
別時容易見時難。（五代 李 煜）浪淘沙

八言 二九副

竹影留雲，苔痕漸雨；（元 張 樞）
開樽待月，掩箔批風。（北宋 秦少游）

短夢未成，且傾春碧；（北宋 黃山谷）
對花無語，獨怨東風。（待考 潘元質）

春去春來，東風不管；（宋 程正伯）
花開花落，蝴蝶應知。（北宋 晏叔原）

涼月心腸，春風模樣；（南宋　史梅溪）
千山鶗鴂，十里酴醾。（待考　湯　恢）
水村攜酒，煙墅留屐；（南宋　史達祖）
香街走馬，粉壁題詩。（南宋　蔣　捷）
流鶯語染，得春風碧；（待考　李　璥）
山翁醉笑，隨明月歸。（元　張可久）
試問東風，春愁怎畫；（南宋　蔣　捷）
最憐芳草，夜酒未蘇。（南宋　史達祖）
芳草有情，夕陽無語；（北宋　張　耒）風流子
桃花欲暖，燕子未來。（南宋　陳允平）
半稔煙波，閒鷗遊戲；（南宋　周　蜜　無名氏）
一簾花影，蝴蝶飛來。（南宋　張　炎）

草色拖裙，嵐光惹鬢；（南宋　史梅溪）
蓮嬌試曉，梅瘦破春。（南宋　史梅溪）
柳暗藏鴉，花陰見蝫；（南宋　楊旡咎字補之）
嵐光惹鬢，草色拖裙。（南宋　史達祖）
隄柳愁煙，岸花啼露；（北宋　柳　永）
苔痕湔雨，竹影留雲。（元　張　樞字夢痕）
翠竹如屏，淺山如畫；（南宋　丘　宻字宗卿）
江上舟搖，樓上簾招。（南宋　蔣　捷）
眼爲花狂，肩爲詩瘦；（南宋　陳允平）
紅了櫻桃，綠了芭蕉。（南宋　蔣　捷）
北窗疏竹，南窗叢菊；（元　劉　因）
庭有幽花，池有新荷。（北宋　王安禮）

輕負鶯花，漫勞書劍；（南宋　陸放翁）
閒吟風月，誰弄琵琶。（南宋　張　炎）
新燕傳情，舊鶯饒舌；（宋　程正伯）
榴花弄色，萱草成窩。（北宋　王安禮）
細草愁煙，幽花怯霧；（北宋　晏　殊）
暗香浮動，疏影橫斜。（北宋　晁端禮）
短笛銜風，晴雲弄晚；（金　李　演）
瓊壺敲月，白髮簪花。（南宋　周　密）
釣雪松江，淨洗寒碧；（南宋　吳文英）
剪梅煙驛，偷送清香。（北宋　周邦彥）
舊遊如夢，新愁似織；（待放　黃子行）
夕陽無語，芳草有情。（北宋　張　來）風流子

燕外鶯遷，幾多春色；（北宋 晁叔用）
花前月下，無限離情。（南宋 謝無逸）

讀罷離騷，暗香猶在；（南宋 劉 過）
閒尋盃酒，短夢未成。（北宋 晏幾道）

戲蜨游蜂，挨聽番玉；（南宋 周 蜜）
吹花搖柳，喚醒幽情。（南宋 史梅溪）

雪後園林，湖邊樓閣；（南宋 辛幼安）
吟鷺懽事，放鶴幽情。（南宋 張玉田）

十里東風，酒香梅小；（待考 魯逸仲）
半簾花影，詩瘦春愁。（清 張 渠字筠谷）

舊游如夢，新愁似織；（待考 黃子行）
酒消欲盡，花惱難禁。（南宋 王沂孫）

簾外籠鶯，笑人醉語；（南宋　周　密）
梅邊吟笛，先生朗吟。（南宋　葛長庚）
一枕清風，半簾花影；（北宋　晁補之，曾　鞏）
枝搖逸韻，葉舞婆娑。（北周　庾　信）小樓賦

十一言　嵌一枝樓一副

一曲狂歌，可更餘音寄羌笛；（南宋　戴式之　楊无咎）
枝棲無事，且將尊酒付飄零。（無名氏　南宋　張翥）

十二言　三副

一笑醉鄉寬，夢裏不知身是客；（南宋趙以夫　五代　李　煜）
枝棲何處去，爐香欲盡酒初醒。（無名氏　五代　歐陽烱）
一笑醉鄉寬，世事不堪頻着眼；（南宋　趙以夫　戴式之）
枝搖梅影瘦，臨風何必更搔頭。（北宋　呂渭老　南宋　張于湖）

一笛醉中吹，欲問鄉關何處是；（南宋　汪旡量　北宋　趙元鎮）

枝頭花無數，祇因明月最相思。（北宋　康與之　待考　魏南夫）

容止齋集錦卷下

陽新　蕭　欽星禧著

嵌聯之部　九二年於永和市

《風花雪月》　四時美景嵌聯小序

春來花燦更多姿，夏愛荷風拂面吹。
秋賞月明良夜永，冬吟白雪錦囊詩。

前列絕句，係作者完成本篇時之題詠，也點出《風花雪月》春夏秋冬四時美景重心之一，不但是騷人墨客所共同喜好之吟咏題材，即屬一般之凡夫俗子無不爲之欣賞。國立歷史博物館黃副館長永川先生名書畫家也，渠於客歲（二〇〇三年）十月間假國父紀念館逸仙畫廊書畫展覽，其書與畫造詣均臻善美，是時難得一見之個展，尤於書法中皆以《風花雪月》四字嵌入對聯內，別有新意，獨具一格，且文與字均屬妙品，至爲敬佩。自觀賞以後，不禁一時技癢，東施效顰，依樣自撰句並集古詩詞句嵌聯共計二三八副之多。或者爲遊戲之作，不登大雅之堂，但於休閒時，聊作怡情遣興，不亦樂乎；其間粗俗字句，考據欠周，在所難免，尚祈碩學前賢，詩壇先進，不吝賜教，是所至禱。

容止齊主　蕭　欽　謹識

中華民國九十三年歲次甲申孟夏月吉旦

一、集古詩詞句　六十副

七言　十副

雪膚花貌參差是；（白樂天）
月白風清此夜何。（蘇　軾）

花落無言疑地雪；（司空圖）
月明飛錫下天風。（王陽明）

清風明月毋人管；（王安石）
有花無雪不精神。（盧梅坡）

秋月春風等閒度；（白居易）
梅花勝雪一段香。（盧梅坡）

春風桃李花開日；（白居易）
明月相催雪滿巔。（黃山谷）

梅花歡喜漫天雪；（毛澤東）
霽月當如大德風。（無名氏）

天風吹灩黃花酒；（蘇　軾）
牀月疑霜白雪詩。（李　白）

梨花院落溶溶月；（晏　殊）
柳雪池塘淡淡風。（晏同叔）

梅雪爭妍迷淡月；（盧梅坡、張輯）
桃花依舊笑春風。（崔　護）

六出雪風呈瑞兆；（蘇　軾）
一江風月趁魚船。（李太白）

八言　十副

雪壓風饕，幾多淒厲；（韓　愈、陸　游）

花前月下，無限離情。（謝允逸）

雪後園林，得春風碧；（辛幼安、李璈）
花開蝴蝶，隨明月歸。（晏叔原、張可久）

映雪讀書，休談夜月；（蘇彥文、無名氏）
對花無語，獨怨東風。（潘元質）

何賦雪花，漫勞書劍；（陸游）
閒吟風月，誰弄琵琶。（張炎）

水碧風清，雪壓叢竹；（顧夐）
柳腴花瘦，月淡寒梅。（和凝、賀鑄）

一枕清風，半簾花影；（晁補之、曾鞏）
二分明月，滿院雪晴。（唐菊山、無名氏）

萬朵梅花，亂堆香雪；（賀　鑄）
一輪明月，幾度春風。（歐陽修）

有意栽花，虛心臥雪；（增廣賢文、袁　安）
開樽待月，掩箔披風。（秦少游）

短笛銜風，松江釣雪；（李　演、吳文英）
瓊壺敲月，白髮簪花。（周　密、姜白石）

水流花開，晴雪滿竹；（詩品句）
牀前月照，清風入懷。（李白、柳子厚）

九言　二副

飲雪餐風，寒心印點滴；（蔣介石）
愁花恨月，薄眉足精神。（王　衍）

約柳雪梅花，影橫池館；（呂渭老、張　先）
伴清風皓月，幽隱蓬壺。（無名氏）

十言 二副

月明人倚樓，奈春風多事；（白居易、史梅溪）
雪片隨流水，問落花無言。（蔣　捷、司空圖）

蓮風香也，雪晴池館如畫；（蔣竹山、吳　潛）
梅花開未，月照孤山尋詩。（程正伯、無名氏）

十一言 十副

雪暗雪晴，喜延明月長登戶；（晏叔原、徐　堅）
花開花落，自有春風為掃門。（晏叔原、王安石）

踏雪餐風，借問孤山林處士；（文時學）
臥花醉月，誰識三生杜牧之。（姜白石）

白雪陽春，重唱梅花新度曲；（吳夢窗）
清風幽約，只應明月最相思。（魏南夫）

幾番風雨，問滿地落花誰掃；（周紫芝）
獨喜雪晴，等多時明月歸來。（無名氏）

寫春風數聲，疏簾半掩明月；（劉 過、周邦道）
吟白雪千里，野橋時伴梅花。（曹宗臣、張 先）

擁千樹雪花，勸汝不如歸去；（柳 永）
有一船風月，約君同話心期。（柳 永、趙以夫）

畫閣春風，落月低軒窺燭盡；（李 白）
禪房浸雪，飛花入戶笑牀空。（李太白）

卻道新花勝舊花，得春風碧；（韓 愈、李 璈）
不知北月同南月，配夜雪明。（黃 節、無名氏）

時帶明月同來，與花爲表德；（史達祖）
又恐春風歸去，吟雪且開眉。（姜白石）

十里荷花，顛倒柳絮隨風舞；（柳　永、杜子美）
二分明月，冷豔梅葩勝雪香。（唐菊山、盧梅坡）

十二言　廿副

月滿秦淮，問東君落花誰爲主；（汪先量、白　瑾）
雪消庾嶺，醉詩人春風佳可遊。（姜白石、王　惲）
雪剪玉玲瓏，萬里西風吹客鬢；（周　密、劉次之）
花開春爛漫，滿山霽月誦蘇詞。（趙師俠、無名氏）
月過北庭寒，西州酌盡看花酒；（杜子美、吳　融）
風連西極動，東閣編成詠雪詩。（杜　甫、吳子華）
風正一帆懸，洞庭波湧連天雪；（王　灣、毛澤東）
月傍九霄高，隔江猶唱後庭花。（杜子美、杜　牧）
無人問落花，長城飲馬寒霄雪；（曹　幽、林則徐）
舉頭望明月，古戍盤鵰大漠風。（孟浩然、林少穆）

春風佳可遊，映雪樓頭資嘯傲；（王　惲、無名氏）
明月隱高樹，落花水面皆文章。（陳子昂、翁　森）

喚箇月兒來，晴雪小園春未到；（辛稼軒、馮延巳）
留我花間住，銜風短曲笛橫吹。（姜白石、李　演）

無語問東風，一陣雪潮鄉客夢；（楊濟翁、無名氏）
知心惟有月，滿身花影倩人扶。（蕭泰來、張　炎）

深隱鎖春風，悄無人桃花自笑；（晁端禮）
寒宮堆玉雪，憐孤客明月同歡。（無名氏）

深院鎖春風，天空如洗月完白；（晁端禮、無名氏）
西湖斷橋雪，桃李無言花自紅。（吳文英、馮延巳）
醉幾度春風，不管桃花依舊笑；（吳　淑、朱希真）
唱一曲白雪，但邀明月合清吟。（無名氏）

伴醉倚東風，長占煙波弄明月；（蘇　庠）
冷香浸白雪，閒吟詞賦踏落花。（無名氏）

靜聽風來寒，雪滿山中高士臥；（劉長卿、高　啟）
感時花濺淚，月明林下美人來。（錢　起、高　啟）

夜酒未蘇，如看雲霧花池塘月；（史梅溪）
舊遊似夢，猶記庾嶺雪楚臺風。（歐陽修、王荊公）

明月出山川，不辭瘦馬騎沖雪；（陳子昂、蘇　軾）
春風歸草木，應道無人問落花。（宋孝宗、曹　幽）「門外」更「應道」

雪剪玉玲瓏，萬里西風吹客鬢；（周　密、劉次之）
花開春爛漫，滿山霽月誦蘇詞。（趙師俠、無名氏）

花深夜獨行，南國古來風物好；（劉東忠、林　逋）
雪後春先至，北山長在月明天。（令狐楚、楊巨源）

昔去雪如花，萬戶春風爲子壽；（范　雲、蘇　軾）
今來花似雪，一林明月向人圓。（范　雲、劉禹錫）

喧蜂集晚花，不教春雪侵人老；（蘇　軾、李　賀）
唯有舊時月，亦見東風使我知。（蔡　仲、王安石）

楊帆采石花，古觀燈殘風雨夜；（謝靈運、李　龔）
獨釣寒江雪，秋山人在月明天。（柳宗元、顧　況）

十三言　六副

謝艷雪濃情，十里東風，勸醉君倒；（黃山谷）
問梅花底事，二分明月，不照人圓。（趙長卿、唐菊山、辛稼軒）

還怪寒雪飛來，昏月暈花迷淡水；（無名氏）
又恐春風歸去，煙花三月下揚州。（姜白玉、李　白）

巡簷細嚼梅花，最好是二分明月；（陳允中、唐菊山）
隔岸誰吟白雪，非等閒一曲古風。（無名氏）

別來幾度春風，寫柔情怨深妒雪；（歐陽修、吳文英）
還我舊時明月，怕夜寒吹到春花。（張　雨、張　炎）

無處說相思，雪暗雪晴，東風不管；（晏叔原、程正伯）
此意有誰解，花開花落，明月應知。（無名氏、晏叔原）

夜酒未蘇，約梨雪桃花，同醉瑤瑟；（史達祖、呂謂老）
晴窗自好，伴清風皓月，幽隱蓬壺。（張　炎、無名氏）

二、自撰句 一七八副

五言 二十四副

風雪資嘯傲；
月花養性情。

雪花供賞玩；
風月助登臨。

月圓花柳綠；
風定雪梅香。

風來花自舞；
月出雪通明。

雪消花滴滴；
風暖月光光。

花光凌檻月；
雪影拂窗風。

風起海潮雪；月移窗影花。

月照千山雪；風吹十畝花。

清風飄雪苑；華月照花池。

種花還得月；踏雪且餐風。

羣花飛喜雪；一月坐春風。

醉臥蘆花月；沈吟江雪風。

花占三冬雪；月明四座風。

栽花風似剪；踏月雪行橇。

彩風籠雪閣；新月照花臺。

北風吹臘雪；明月照蘆花。

勾留風月好；莫負雪花魁。（張先句）

閒時吟月雪；域外落花風。

風吹海上雪；月漾水中花。

看雪花瘦影；謝風月多情。

園花舒臘雪；庭月煦春風。

明月滿樓雪；春風一縣花。

劍利花飛雪；樓高月引風。

花香同雪霽；月好帶風吟。

六言　十副

雪繽紛風蕭灑；花嬌媚月朦朧。

鳥囀花濃雪聚；雪隨月淡風輕。

勾引情花妒雪；往來蘿月松風。

嶺上梅花冬雪；尊前淡月西風。（晏幾道句）

賞花三杯月醉；啜雪兩腋風生。

蝶戀花花迷月；天飛雪雪生風。

寒夜西風舞雪；故園艷月醉花。

瑞雪五風歲德；煙花三月春情。（鄭覺齋句）

園中花水中月；海上雪江上風。

何處不宜風月；名齋好是雪花。

七言　一二九副

風月年年催臘盡；雪花朵朵迓春新。

風花瀟灑怡情趣；雪月空清養性閒。

風月未曾離我輩；
雪花常欲惱斯人。

花月入簾香不斷；
雪風到枕夢初醒。

風月有情歸我輩；
雪花無主屬詩人。

風月一樓彭澤酒；
雪花十里盧山圖。

風雪洗心人澹泊；
月花引興蝶飛翔。

月涵雪屋惟高潔；
風漾花棚更景光。

雪花裏無真學問；
風月中有大英雄。

風月人將詩作料；
雪花季與畫爲神。

風月只應天上有；
雪花豈向世間求。

風月萬家河兩岸；
雪花六出兆豐年。

雪艷風和增景氣；
月圓花好共嬋娟。

月白風清良夜永；
花飛雪舞兆年豐。

風吹花落誰爲主；
月暈雪封歎未晴。

花被風吹香入座；
雪因月上影橫窗。

花明雪霽垂簾靜；
月淡風輕籠閣幽。

雪艷月明八千里；
花訊風聞廿四番。

風氣雪光寒不濕；
月簾花影靜難忘。

花被風欺猶作態；
雪經月照更精瑩。

月斜雪影橫拖地；
風送花香直到門。

月明風暖春攜酒；
雪透花開夜讀書。

花塢雪堂清自逸；
風臺月榭悄無言。

風生雪海魚龍寂；
月照花村松柏香。

雪夜花晨清自爽；
風亭月沼悄無聲。

月暈而風礎潤雨；
花開當雪鹿鳴春。

雪融明月侵書幌；
風送梅花到草廬。

雪晴梅嶺花初發；
風暖曲江月正來。

月照青山花蝶舞；
風吹白葉雪梅芳。

花好剛逢雪後霽；
風高喜得月常明。

雪滿四山風凜冽；
花開三徑月徘徊。

雪臨秦嶺月先覺；
風暖曲江花半開。

風埔浪花搖素壁；
雪峯晴月上朱欄。

月升日落風初起；
雪壓霜催花正開。

風聲冽處雪方下；
花影圓時月正中。

○

雪到韻時風亦醉；
花當明處月尤香。

雪似梅花堆岸白；
風隨秋月渡江清。

月影悠悠花悄悄；
風煙漠漠雪霏霏。

⊙風生碧澗煙花亂；
月照青山冰雪明。

花開翠扇清風曉；
月映香階積雪明。

花蓬春水迎風暖；
雪竹寒窗暎月明。

⊙花鏡空懸銀漢月；
雪山環拱玉屏風。

風窗鳥啄伸簷雪；
月檻魚吞落沼花。

隨風明月照千里；
如雪梅花瘦幾分。

花影可堪明月照；
雪晶常伴朔風飛。

雪浪江中翻月出；
風濤海上送花來。

花巷共斟映月酒；
雪山不負迓風詩。

花朝愛賞園中月；
雪夜還乘海上風。

花燦荷塘魚讀月；
雪飄松嶺鳥乘風。

閉月羞花謳美女；
吟風剪雪寫新詩。

艷雪滿庭花似繡；
清風入戶月如鈎。

拈花避月遙相送；
踏雪迎風亦共行。

瑞雪琪花猶有種；
和風明月本無私。

秋月春花臻化育；
醇風瑞雪入謳謠。

坐花醉月芳園宴；
殘雪蕭風易水寒。

松月迎風多雅勁；
梅花披雪最精神。

白月紅花相掩映；
旋風吹雪自婆娑。

桂月松風殊異趣；
眠花卧雪不同倫。

霽月光風胸磊落；
眠花卧雪志懸殊。

踏雪栽花常寓目；
清風皓月助吟情。

瑞雪惠風千古愛；
琪花璧月四時新。

好月常爲花客伴；
寒風似與雪禽來。

⊙梅花重洗春風面；
浪雪千堆海月容。

殘雪半林霜月亱；
好風十里稻花天。

觀月客存題雪意；
迎風人有愛花心。

⊙梅花偏鬥嚴冬雪；
霽月當如大德風。

落月寒窗梅映雪；
飛花遠岸柳生風。

桂月宮寒梁苑雪；
杏花村舞酒旗風。

夜雪半床和月睡；
秋風老劍作花吟。

曉月烘晴六雪燦；
輕風送暖百花香。

明月相思千里雪；
名花傾國兩番風。

○好風相遇湖中月；
艷雪如觀夢裏花。

明月入懷吟亱雪；
春風滿面映桃花。

吟風賸有三冬雪；
賞月還期五月花。

寒雪四山催歲月；
暖風萬里迓春花。

明月滿懷梅放雪；
羣花弄影竹搖風。

梅嶺月光常帶雪；
滄洲風浪半浮花。

正欲臨風望秋月；
莫將臥雪對黃花。

一枕雪風清午夢；
四時花月解煩心。

山有月花千古秀；
地無風雪四時春。

梅花庾嶺千樹雪；
桂月堯階一葉風。

星垂月湧千江雪；
雨順風調一縣花。

崑崙風凜千年雪；
滄海月華萬頃花。

梅嶺雪芬新曉月；
海棠花醉舞輕風。

靜觀雪花舒素抱；
閒題風月暢幽懷。

一樓風月當甜飲；
萬樹雪花帶醉看。

故國月花誰管領；
漫天風雪雁拖回。

季令雪花詩卷裏；
六朝風月酒杯中。

幾陣雪風餘歲暮；
一簾花月四時春。

六出雪花歸眼底；
滿樓風月捲簾時。

江湖風月好遊樂；
梅嶺雪花足賞觀。

一覽雪花雙眼闊；
四時風月隻身閒。

品題風月歸詩客；
管領雪花贈故人。

庾嶺雪花千古秀；
明湖風月四時閒。

萬樹雪花收入眼；
四時風月足怡情。

不教風月拘身事；
焉得雪花撲鼻香。

四處月花供島客；
一樓風雪卧元龍。

每遇雪風先問酒；
要看花月即登樓。

漫談苑雪風生座；
醉賞宮花月在天。

梅屋雪窗風凛冽；
竹簾花榭月朦朧。

地闢風和花開早；
庭空月好雪晴初。

怎得雪隨風起舞；
更教花與月聯輝。

不共月殘同雪恨；
勿將花落說風華。

萬里朔風飄雪艷；
一川明月帶花香。

⊙三徑無風花富貴；
千山有月雪精神。

半窗月落花無影；
三徑風來雪有聲。

江空月落風初定；
春暖花開雪自融。

翠袖月隨回雪轉；
紅顏風落惜花遲。

歲寒飄雪因風起；
春暮無花借月華。

兩岸蘆花飛亘雪；
一輪皓月下天風。

千樹梨花千里月；
滿山冬雪滿天風。

縱使有花還有月；
非關無雪亦無風。

千朵梅花千朵雪；
一江明月一江風。

十分寒月孝廉雪；
百葉蓮花靖節風。

牀前望月光如雪；
海上乘風浪疊花。

蝶夢不離花與月；
劍光全仗雪生風。

一枕春風門外雪；
十年歲月夢中花。

嶺上梅花猶妬雪；
天中暈月欲疏風。

從來有雪常無月；
道是無風卻有花。

金塘柳雪一溪月；
玉洞桃花兩岸風。

御柳遙隨風月至；
宮衣振拂雪花明。

有約常邀花與月；
無詩辜負雪和風。

氣節似梅花臘雪；
品操如霽月光風。

閒尋水閣吟風月；
靜聽山歌當雪花。

放懷詠月賞花外；
立品高風亮雪間。

怡情自有花前月；
立節如同雪後風。

羅屏半掩梅花雪；
金策閒搖松月風。

雪飄六出風飄五；
花有清香月有陰。

八言　八副

雪艷花香，氣含蘭蕙；
風清月白，味辨芭菰。

有花有月，園中美景；
無雪無風，郊外清遊。

月照琴臺，雪晴書屋；
花開籬下，風擾竹梢。

冬雪比操，春花競艷；
夏風流惠，秋月表清。

剪雪裁雲，好花四季；
春風秋露，明月滿懷。

山雪欲來，迎風把盞；
春花怒放，醉月飛觴。

涼月心腸，春風度量；
拈花笑臉，詠雪情懷。

明月入懷，素心比雪；
仁風在握，一笑拈花。

九言　二副

九品蓮花，坐臺觀夜月；
孤山梅雪，額手迓春風。

觀滄海霞光，滿船風月；
兆豐年祥瑞，六出雪花。

十言　三副

願花長好，月長圓，人長健；
看雪從蠶，風從虎，雲從龍。

邀明月同來，與花爲表德；
恐春風歸去，詠雪且開懷。

松耐歲寒，共梅花而鬥雪；
竹搖影動，隨明月以凌風。

十一言　二副

雪樣肌膚，自是佳人多月貌；
花般世界，從無才子不風流。
修葺牆垣，怕俗客平分風月；
因躭泉石，與諸君同賞雪花。

十三言　一副

紅塵中富貴功名，祇以鏡花水月；
青史上忠臣孝子，長留白雪清風。

十六言　一副

酒過三巡，聽燕語鶯歌，風月四時閒不得；
樓高百尺，看騰蛟起鳳，雪花滿地景非常。

二十言 一副

一苑名花，幾窗皓月，豈自賞孤芳，更願邀七賢聚首；
三餐煮雪，兩袖清風，祇安貧樂道，毋庸爲五斗折腰。